新媒体环境下跨文化适应性的传播学研究

孙 庚 著

清华大学出版社
北京交通大学出版社
·北京·

内容简介

如今,对留学生群体的广泛关注从教育部门扩散到民间。留学生跨文化适应性课题涉及的内容颇为复杂,本书从传播学、社会学视角探讨在新媒体环境下外国留学生跨文化适应性的诸多现象及问题,并提出了可行性改进意见。

本书封面贴有清华大学出版社防伪标签,无标签者不得销售。
版权所有,侵权必究。侵权举报电话:010-62782989 13501256678 13801310933

图书在版编目(CIP)数据

新媒体环境下跨文化适应性的传播学研究 / 孙庚著. — 北京:北京交通大学出版社:清华大学出版社,2019.9
ISBN 978-7-5121-4062-2

Ⅰ. ①新… Ⅱ. ①孙… Ⅲ. ①传播学-研究 Ⅳ. ① G206

中国版本图书馆CIP数据核字(2019)第204929号

新媒体环境下跨文化适应性的传播学研究
XINMEITI HUANJING XIA KUAWENHUA SHIYINGXING DE CHUANBOXUE YANJIU

策划编辑:	李运文
责任编辑:	张利军
出版发行:	清华大学出版社 邮编:100084 电话:010-62776969 http://www.tup.com.cn
	北京交通大学出版社 邮编:100044 电话:010-51686414 http://www.bjtup.edu.cn
印 刷 者:	艺堂印刷(天津)有限公司
经 销:	全国新华书店
开 本:	170 mm×240 mm 印张:9.5 字数:150千字
版 次:	2019年9月第1版 2019年9月第1次印刷
书 号:	ISBN 978-7-5121-4062-2/G·1904
定 价:	48.00元

本书如有质量问题,请向北京交通大学出版社质监组反映。
投诉电话:010-51686043,51686008;E-mail:press@bjtu.edu.cn。

前　言

20世纪至今，由于跨文化传播问题本身的复杂性和现实需求，世界范畴内围绕这一主题的讨论一直热度不减。最初的跨文化传播研究主要在文化人类学、心理学、哲学等人文社会学科中展开。西方学者为奠定跨文化传播研究范式、研究取向的科学性做出了重要贡献。随着跨文化传播所涉及的议题拓展到社会生活的各个方面，对跨文化传播理论和实践的探讨引起了社会学、社会心理学、传播学、符号学等多学科的关注，各学科从各自的研究视角纷纷界定一系列的概念、理论及方法。20世纪90年代，当跨文化传播走进中国学者的视野后，研究人员吸收和探讨西方学者的研究成果，同时试图结合中国社会、文化环境中的具体问题，立足于中国社会历史、文化传统，尝试细致化、差异化的研究工作，完善跨文化传播的理论体系，表达对中国社会诸多问题的思考和关切，以解决中国社会的现实问题。这也恰是本书写作的宏观学术背景。

促成本书的写作主要有以下几个原因。

首先，得益于笔者在北京第二外国语学院从事传播学教学与科研工作。作为外语院校的一个特色，留学生历来是生源构成中的重要角色，特别是我国政府近年来为吸引留学生到中国留学所实施的一系列优惠政策，更使高校中留学生的人数大幅增长。加之笔者自身从海外留学及工作的经历中受益匪浅，所以一直对留学生群体有一种特殊的亲近感，多年来把他们当作研究对象，希望相关的研究工作能够帮助留学生提升跨文化适应能力，加深对中国社会的认识，进而为改善中国对外、对内跨文化传播的途径和策略提供有效的学术支持。

其次，作为传播学的研究人员，笔者深切地感受到媒介环境的巨变给跨文化适应性这一传统学术命题带来了新的视角和新的挑战。媒介的更新换代、基于网络技术的信息传播、社交媒介的迅速普及改变了人们的生活方式和交往方式，这也势必给留学生的跨文化适应带来影响。媒介接触行为如何影响留学生的社交方式，使他们的留学生活发生了怎样的变化，留学经历将使他们如何理解中国，在心理层面上对中国抱有怎样的情绪及情感……这些问题令人深思，所以笔者希望能从传播学的视角对留学生的跨文化适应性问题进行探索。这类研究在跨文化传播学中并不多见。

最后，非常幸运的是，正当笔者有了较为明确的问题意识及前期的学术积累时，得到了北京市社会科学基金的资金支持。在北京市社会科学基金的支持下，本研究在北京的6所高校中进行了针对留学生群体的问卷调查和个案访谈，用实证研究的方法对在京留学生的跨文化适应性问题进行传播学研究，取得了宝贵的第一手资料，使研究得出了有说服力的成果。在书稿完成之际，本书又得到北京第二外国语学院中华文化研究院中华文化交流研究项目的出版资助。

经过三年多的调研和写作，本书得以付梓。在更为开阔的写作视野中笔者认为，留学生跨文化适应性研究受到留学生政策、新媒体环境、留学生个体的媒介使用、高校教研及留学生的生活状态等诸多因素的影响。在这一思路下，全书分为四大部分、七章进行阐述。第一部分是研究课题所涉及的相关文献梳理及研究背景、研究假设，在第一、二章中进行写作；第二部分是留学生政策研究，选取了日本、美国及欧盟等教育发达国家和地区的留学生政策进行解读和分析，同时探讨我国的留学生政策，在第三章中进行写作；第三部分是在京留学生的媒介接触行为与跨文化适应性的实证研究，在第四、五、六章中进行写作；第四部分是在前述理论研究和实证研究的基础上，对如何提高外国留学生的跨文化适应能力提出对策，在第七章中进行写作。

通过以上内容，本书力图在以下两方面呈现研究特色。

第一，探讨新媒体环境下跨文化传播中出现的问题及解决的方略。本书在传播学视阈下探讨媒介与媒介信息的结构属性，把媒介接触作为讨论的核心，将传播视为文化适应的黏合剂，分析社会结构、文化等因素对留学生跨文化适应能力的影响，为研究跨文化适应性提供传播学的理论视角。

第二，用定量分析和定性分析的方法进行跨文化适应性的传播学研究。本书力求避免宽泛空洞的理论探讨及策略性研究。研究人员深入留学生群体中，对其在京的跨文化适应状况进行真实而有深度的调查和呈现，并采用定量分析和定性分析的研究方法对在京留学生的跨文化适应现状进行剖析。

当前，关于跨文化适应性的相关研究已成为国内外跨文化传播学学者最关注的焦点问题之一。在本书的写作过程中，笔者再次感到，因起步较晚，我国在这一领域的理论和实证研究较为滞后。在全球化背景下，各个国家、民族之间的交往融合所产生的文化适应问题尤为凸显。留学生是面临跨文化适应的一个重要群体，特别是随着新媒体的出现，探讨新媒体的使用与跨文化适应性之间的关系，已成为新的研究热点。研究兴趣与现实需要将激励笔者对这一问题予以持续关注。

最后，特别要感谢在研究及书稿撰写过程中给予笔者多方指导的学养渊深的学者们。其中，郭庆光教授提出了许多中肯的意见，使笔者对跨文化传播的基本问题有了更加深刻的认识。胡正荣教授、郭镇之教授、孙英春教授也给了笔者诸多研究思路上的启发，丰富了研究内容。此外，由北京第二外国语学院田嵩老师等多位同事组成的研究团队的成员们精诚合作，从不同的学科角度为本书的撰写做了大量的基础性工作，提供了灵感。因篇幅有限，难以一一列举，在此对给予笔者热忱帮助的专家、同事、朋友一并表示衷心的感谢。

代代学者的孜孜不倦，使跨文化传播领域的研究成果卷帙浩繁。本书的出版是笔者近年来在科研道路上付出的心力，谨向前辈学者和各位师友致敬。书中疏漏和不妥之处亦请广大读者批评指正。

孙　庚
2019 年 8 月

目 录

第一章 绪言 ·· 1
　第一节 研究的必要性 ·· 1
　第二节 研究思路与方法 ·· 3
　第三节 本研究的构成 ·· 4

第二章 传播学相关研究文献综述 ··· 7
　第一节 受众研究谱系——关于受众能动性 ······························· 7
　第二节 社交媒介的相关研究 ·· 16
　第三节 社交媒介环境——以智能手机使用为特征 ··················· 22

第三章 各国留学生政策的比较研究 ·· 29
　第一节 日本的留学生政策 ··· 29
　第二节 美国的留学生政策 ··· 35
　第三节 欧洲的留学生政策 ··· 39
　第四节 海外留学生政策的特征 ·· 42
　第五节 对我国留学生政策的启示 ··· 44

第四章 留学生跨文化适应性研究的现状 ····································· 47
　第一节 作为国家战略的中国留学政策的变化 ·························· 47
　第二节 研究的理论背景 ·· 51
　第三节 对留学生跨文化适应性研究的评述 ····························· 59

第五章 在京留学生媒介接触行为与跨文化适应性的实证研究 ……… 61
- 第一节 研究背景及目的 ……………………………………… 61
- 第二节 研究方法 ……………………………………………… 64
- 第三节 调查结果 ……………………………………………… 67
- 第四节 讨论 …………………………………………………… 84
- 第五节 结论 …………………………………………………… 86

第六章 在华留学生跨文化适应性的个案研究 …………………… 87
- 第一节 采访手记 ……………………………………………… 89
- 第二节 综合考察 ……………………………………………… 113

第七章 提高留学生跨文化适应性的对策 ………………………… 121
- 第一节 建构保护多元价值的大学文化 ……………………… 121
- 第二节 搭建聚合多种媒介优势的跨文化适应平台 ………… 126
- 第三节 在国际教育中发挥媒介课程的有效性 ……………… 128
- 第四节 建设全媒体的文化传播渠道 ………………………… 129

附录A 在京留学生跨文化适应性研究调查问卷 ………………… 131

参考文献 …………………………………………………………… 137

第一章
绪　言

我国自1973年再启留学生招生政策以来,留学生工作成果显著。留学生来华学习促进了文化交流与国际合作,留学生工作发挥了提高国际声望和培养国际化人才的重要作用。不过,同时也应看到,具有跨文化属性的外国留学生滞留中国,在学习生活中遇到了各种问题,其中就有被广泛关注的跨文化适应性问题。

笔者从事传播学研究,从社会学和传播学视角探讨外国留学生跨文化适应性的诸多问题。本书的写作处于2017年来华外国留学生已达到48.92万人[①]、留学生数量急剧增长的背景下。本研究以外国留学生为研究对象,从群体和个体的层面聚焦来华留学生。

笔者在高校从事新闻传播学、跨文化传播学的教研工作,因工作关系有机会接触到在华学习的各国留学生。近年来,一个切身感受就是外国留学生和中国学生的交往较少。留学生成立独立的社团组织,他们很多的人际交往都是在留学生团体中进行的。这一倾向不利于留学生学习汉语,了解和认同中国文化。提升留学生的跨文化适应能力是笔者此次申请北京市社会科学基金课题展开深入研究的最重要的原因。

第一节　研究的必要性

本研究对传播中国文化、促进跨文化交流具有现实意义。随着全球化

[①] 中华人民共和国教育部.规模持续扩大　生源结构不断优化　吸引力不断增强：来华留学工作向高层次高质量发展［EB/OL］（2018-03-30）［2018-04-10］. http://www.moe.gov.cn/jyb_xwfb/gzdt_gzdt/s5987/201803/t20180329_331772.html.

的到来，我国的国际影响力不断提升，来华留学生人数日益增加，其中北京是吸纳留学生数量最多的城市。因此，在京留学生对中国文化的适应、对中国社会的认知，以及在传播中国主流文化上的影响力需要准确地把握。这不仅关系到留学生个体在华期间能否顺利完成学业，也关系到我国留学生政策的调整和完善，还关系到首都形象、国家形象的塑造。同时，本研究对在京留学生媒介接触行为（包括移动社交网络）的调查及对其文化适应现状的把握有助于了解在京留学生的学业水平、文化观念，探讨如何为留学生的文化适应进程提供相应的保障。

本研究的理论意义则在于在传播学的视阈下探讨媒介与媒介信息的结构属性，把媒介接触作为讨论的核心，将传播视为文化适应的黏合剂，分析社会结构、文化等因素对留学生文化适应的影响，为研究跨文化适应性提供传播学的理论视角。

围绕在华外国留学生跨文化适应性的多数研究展开于心理学领域，而在传播学领域，关于新的媒介环境下智能手机和社交网络等媒介接触行为如何影响留学生跨文化适应的研究还比较少。本研究力求在此方面有所建树，并将针对以下三个研究假设展开论述。

第一，传统媒介在今天留学生的学习生活中仍然发挥重要的作用。

第二，新型社交媒介的接触行为频繁，影响留学生的跨文化适应性。

第三，社交媒介对跨文化适应性的影响显著。

本研究希望验证以上三个假设，并在研究结论的基础上为建立有利于留学生跨文化适应的留学环境提出建议。

跨文化适应性一直是跨文化传播领域中广受关注的研究课题，无论是在实践层面上还是在理论层面上，都具有双重重要性。迄今为止的研究主要在跨文化宏观环境中文化适应的视角下展开，有不少成熟的研究方法和令人感兴趣的研究成果出现。本研究依然在这一研究主流中展开，探讨客居人群对东道国的文化适应。但是，不同于心理学领域的研究，本研究结合研究者自身的传播学研究背景，特别关注媒介特征及媒介接触行为对留学生跨文化适应性的影响。

第二节　研究思路与方法

本研究在文献综述及对在京留学生进行包括媒介接触行为在内的生活状况、社交状况实证调查的基础上，考察留学生的媒介接触状态及在京留学期间的社会交往形态，把握他们对中国人、中国文化的态度和认同，了解留学生在跨文化适应上的现状，探讨传播媒介及文化差异对在京留学生跨文化适应状况的影响，为我国在跨文化传播中实现传播的有效性提供对策，为留学生教育及其管理水平的提高提供对策。

量化研究是本研究基本观点和对策提出的依据，其在本研究中的地位格外重要。本研究在对既有研究进行梳理和对自身的研究目的和思路进行把握的基础上，为量化研究构建了图1-1所示的结构方程模型（structural equation modeling, SEM）。

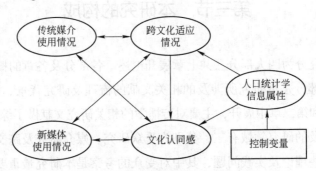

图1-1　量化研究的结构方程模型

如图1-1所示，本研究采用构建结构方程模型的方法，使用留学生的人口统计学属性（年龄、性别、经济状况），以及在华滞留时间、汉语学习时间、汉语能力作为控制变量的重要因素来探讨媒介接触行为对跨文化适应状况的影响效果，分析诸多变量间的关系。

本研究力求避免宽泛空洞的理论探讨及主观臆断，研究人员深入到留学生群体的生活中，对他们在京的文化适应状况进行真实而有深度的调查和呈现。本研究采用定量分析和定性分析的研究方法对在京留学生的跨文化适应状况进行考察。

一、定量研究：问卷调查

为了解在京留学生的生活状态、媒介接触状态和社会交往状态，本研究在北京选定北京第二外国语学院、北京语言大学等6所留学生较多的高校，抽取586个样本实施问卷调查。

二、定性研究：访谈分析

除定量研究外，本研究也采用了定性研究的方法，具体包括观察、访谈、非正式交谈和个案分析。在选取访谈对象时，采用目的性抽样的方法，根据研究者的判断，抽取能够为研究提供最大信息量的留学生。

本研究重视在微观层面对留学生进行细致的观察和分析，使研究可以对在京留学生一些具体的涉及跨文化适应的日常生活进行深入探讨。

第三节 本研究的构成

本研究分为四大部分、共七章展开论述。各部分及各章的概要如下。

第一部分是本研究所涉及的相关文献的梳理及研究背景、研究假设，在第一章和第二章中展开，主要对传播学的相关研究文献做了综述和梳理。本研究涉及的研究领域有三，分别为受众研究、媒介研究及跨文化传播研究中的一些理论及实践问题，其中对受众的考察是本研究最重要的研究对象。在传播学领域中，对受众的研究始终受到学界的重视。回顾受众研究的学术历程，关于能动的受众研究领域令人瞩目。从20世纪40年代开始，经过研究方法的改进，以及科学的实证调查的实施，出现了一系列的研究成果，部分经典成果仍在影响着今天的传播学研究。随着信息技术的不断发展，媒介环境和人们的信息行为都发生了巨变。当观察人们的媒介接触行为、反思媒介的社会功能和传播效果时，能动的受众研究是一个重要的理论框架与研究路径。笔者回顾和梳理了美国、英国和日本的能动的受众研究文献和脉络，以此作为本研究的起点。

第二部分是留学生政策研究，选取了教育发达的日本、美国和欧盟的留学生政策进行解读和分析，在第三章中展开。文化教育交流涉及全球化、国家安全、政治经济、环境、领土等诸多重要问题。作为解决这些问题的手段之一，留学访学政策必须有利于推进中国文化外交战略。为提升我国高等教育的软实力发挥积极作用。

本部分直面文化外交受到全球化进程深刻影响的现实，旨在分析作为美国政府文化教育交流政策组成部分的富布赖特项目和亚伯拉罕·林肯留学委员会计划、欧盟的伊拉斯谟计划、日本留学生30万人计划的目的和特征，反思我国的教育交流政策，探讨启示意义。

第三部分是在京留学生媒介接触行为与跨文化适应性的实证研究，在第四、五、六章中展开。

第四章就研究背景进行说明，释义跨文化适应性和与之关联的跨文化交往、文化冲突等概念，梳理成功地适应不同文化、不引起文化冲突的跨文化适应和失败的、引起文化冲突的跨文化不适应的理论研究成果。这里，本研究把适应要素分为文化要素、社会要素和个人要素。接着，整理留学生跨文化适应的相关文献，视野不仅仅局限在国内，对西方国家，特别是日本的文献同样加以整理。之所以选择日本，是因为同为亚洲国家的日本，在外国留学生构成中，以中国学生为主的亚洲学生占多数，日本的跨文化研究对亚洲学生的研究比较充分，对揭示亚洲学生占多数的在华留学生群体的诸多问题更具有参考价值。

第五章论述了本研究所做的在京留学生媒介接触行为与跨文化适应状况的实证研究，旨在调查留学生的媒介使用状况（在京期间接触广播、电视、网站，以及通过智能手机上网、使用社交App等），揭示媒介接触行为与跨文化适应性的关联性。本研究对北京地区6所高校的586名留学生进行了纸质版问卷调查，共收回507份有效问卷。通过对这些调查问卷进行数据分析发现，经济状况较好的留学生的跨文化适应状况良好；传统媒介的接触程度与跨文化适应性呈现正相关关系；人口统计学属性指标、中文学习经历在媒介使用状况上未见相关关系；留学生对中国的好感度与跨文化适应性高度相关。本研究的一个显著结论是，智能手机的发展、社交App的广泛使用使媒介接触行为与跨文化适应性之间的关系发生变化，以后这一变化将会更加明显，需要进一步关注。

第六章是本研究为问卷调查所做的辅助性研究。本研究在整个调研过程中采访了多名在华留学生，通过面谈交流，感受留学生的汉语水平、媒介接触行为、在中国留学期间的社交情况，从而了解留学生的跨文化适应状况。本章选取了其中有代表性的7个案例，呈现了采访手记。这7名留学生来自不同的国家，观察中国有不同的视角，在留学生活中有不同的诉求和感受。采访中除少量规定的采访问题外，没有设置过多的话题限制，大部分是采访者与受访者之间的自由交谈。采访的时间有长有短，并且只节选了与本研究相关的内容。访谈者几乎没有做与本研究主题相关的访谈引导，希望有利于让接受采访的留学生畅所欲言，以获取结合自身文化背景来看待跨文化传播中诸多现象的信息。

第四部分是在前述理论研究和实证研究成果的基础上，尝试为如何提高外国留学生的跨文化适应能力提出对策，在第七章中展开。在全球化背景下，各国不断推出高等教育机构的国际化举措，高校成为具有多元化文化背景的学生的学习场所。本研究从高校校园文化建构的宏观层面到国际教育课程设置的微观层面均提出了可行性对策。

总之，留学生教育涉及全球化、国家安全、政治经济、环境、领土等诸多重要问题。作为解决这些问题的手段之一，留学政策及以留学生为对象的相关研究必须有利于推进中国文化外交战略，为提升我国高等教育的软实力发挥积极作用。

第二章
传播学相关研究文献综述

第一节 受众研究谱系——关于受众能动性

在传播学受众研究谱系中,关于能动的受众研究领域可以说成果丰硕。这一研究至少可以追溯到20世纪40年代,几经研究方法的改进和实证研究的积累,许多经典研究成果依然影响着今天的传播学研究。半个多世纪以来,媒介环境发生了巨大的变化,媒介技术引领着人们的日常生活。当观察人们的媒介接触行为,反思媒介的社会功能和传播效果时,能动的受众研究是一个重要的理论框架与研究路径。本节回顾和梳理美国、英国和日本的受众能动性研究文献和脉络,为本研究找到出发的起点。

一、美国传播学研究中的"使用与满足"研究

在受众研究诞生的美国传播学界,受众的能动性研究最早是从不接受大众媒介的影响这一视角展开的。效果研究重在探讨大众媒介怎样影响人们,而"使用与满足"研究则要揭示人们怎样利用媒介。[1]这里,将在美国传播学研究中探讨"使用与满足"研究。为理解受众的能动性,本研究尝试在社会和历史的脉络中进行考察。

---

[1] KATZ E. Mass communication research and the study of popular culture: an editorial note on a possible for this journal[J]. Studies in public communication, 1959 (2): 1–6.

1. 初期的"使用与满足"研究

最早的"使用与满足"研究针对当时人气颇高的广播智力问答节目展开。迈克尔·赫佐格做了"教授问答-满足研究"的调查。当时，广播是启蒙工具，用来教育不读报的人。不过，从对听众的调查结果中发现不读报的人并没有收听启蒙教育类节目。他们进行学习的信息源，不是教育类节目，而是娱乐类节目中的连续剧和智力问答节目。广播研究人员想揭晓连续剧和智力问答节目之所以受欢迎的秘密，就对广播节目进行内容分析和听众特征分析的"满足调查"。这样，便出现了著名的"教授问答-满足研究"。研究人员对喜爱智力问答节目的11名受众进行了访谈，把听完问答节目后获得的满足归纳为以下4种体验。

（1）竞争体验（与问答节目的参加者，以及其他听众竞争）。

（2）教育体验（从节目中获得新知）。

（3）自我评价体验（评价自己掌握知识的情况）。

（4）体育体验（预测哪位参加者胜出）。

虽然在收听同一档节目，但是研究人员却发现了传播者意想不到的多种收听目的。这一研究因为提出了受众能动性观点而成为早期最有名的研究。

20世纪40年代是广播研究的黄金时期，也是受众研究在美国传播学研究中最令人瞩目的时期。继拉扎斯菲尔德的广播与印刷品（radio and the printed page）研究后出现了一系列的研究，直到拉扎斯菲尔德与斯坦顿（Stanton）的《传播调查研究：1948—1949》（*Communication Research: 1948-1949*）问世。在哥伦比亚大学的各种研究报告中，"使用与满足"研究成为热门议题。[①]这些"使用与满足"研究作为效果研究的对立观点被学者们关注。

20世纪50年代，随着电视逐渐成为主干媒介，电视对青少年的强大负面影响引发了学界的兴趣。电视节目被认为是导致暴力、非礼及其他道德性问题的诱发性因素。如果说20世纪40年代是广播研究的黄金时期，那么20世纪50年代学界回应来自社会的呼声，使对电视的大规模研究隆重登场。20世纪50年代，学者们进行了广泛的电视效果研究。被称作20世纪50

---

① LAZARSFELD P F, STANTON F N. Communications research[M]. New York: Harper and Brothers, 1949: 67-72.

年代"使用与满足"研究的"儿童与电视"研究，不仅涉及了媒介对儿童的传播效果，也考察了儿童的媒介接触行为。例如，威尔伯·施拉姆指出，不是"电视选择了儿童"，而是"儿童选择了电视"[1]。也就是说，面对相同内容的电视节目，孩子们的收视目的不尽相同。20世纪50年代的"使用与满足"研究在心理学和社会学两个学科领域中进行了受众能动性研究，包含选择（如选择电影还是电视媒介、用电视看什么节目等）、利用（如儿童为了娱乐、逃避、获得信息而看电视等）和解释三种功能的阐释。

2. "使用与满足"研究的理论化和反思

1959年，有学者提出了一种颇具冲击性的观点，即贝雷尔森悲观地认为传播学研究会逐渐凋零（dead or dying）。针对这一观点，卡茨认为，凋零的是大众说服研究，而能够挽救传播学研究的正是"使用与满足"研究。卡茨整合了20世纪40年代的满足研究和20世纪50年代的儿童与大众媒介使用研究，命名为媒介功能主义范式，即"使用与满足"研究[2]，并且强调了受众研究在未来的重要性。他还批判了把媒介使用单纯地视作"逃避"的观点，反驳了大众文化批评家们的言论。例如，他认为即使收看同一个节目，每个受众也对节目有着不同的期待和利用方法，媒介针对不同的人会产生不同的效果，很难用节目类型来判断受众的使用方法和媒介效果。

20世纪60年代后，人们开始了对方法论的反思。很多研究人员采用量化调查的方法，归纳出许多结论。"使用与满足"研究在美国、英国、瑞典、日本、以色列等国家备受瞩目，在世界各地出现了很多实证研究。卡茨认为受众具有能动性，在使用媒介时是有目的的，这些与"使用与满足"共通的特质是基本前提。

但是，到了20世纪70年代，"使用与满足"研究因与功能主义密切相联、心理学范式等原因遭到批判。对批判学派的学者们来说，受众不应被从社会结构中剥离开来而抽象化。埃利奥特指出，"使用与满足"研究在媒介与受众

---

[1] SCHRAMM W, LYLE J, PARKER E B. Television in the lives of our children [M]. Stanford: Stanford University Press, 1961: 137–145.

[2] KATZ E. Mass communication research and the study of popular culture: an editorial note on a possible for this journal [J]. Studies in public communication, 1959 (2): 1–6.

的关系中描绘了一种过于乐观的图式（framework）。如果"使用与满足"研究主张受众的能动性，那么面对媒介那些不被人们期待的负面效果，受众应该具有防范意识。也就是说，即使恶俗节目被媒介传播，受众也会因能动性而避免受到不良影响。因此，"使用与满足"研究中能动的受众研究是在维持现有传播政策正当化，使社会趋于保守化。[1]从这一点来看，那些探讨传播政策利弊的批判学派的学者们是难以接受"使用与满足"研究的。

3. "使用与满足"研究与受众能动性

20世纪80年代出现了信息通信技术（ICT），而伴随社会信息化潮流，受众能动性研究再次受到瞩目。美国学者马克·利维（Mark Levy）和瑞典学者斯文·温德尔（Sven Wendell）认为不同类型的能动性（选择、参与、效用）与传播的各个阶段（接触前、接触中、接触后）相关，建构了受众能动性类型。

利维和温德尔之后，受众能动性的概念被应用在有线电视、个人计算机、录像机、游戏机、手机、电子书籍、在线游戏、社交网络服务（social networking services，SNS）等媒介的研究中，相较于传统的大众媒介呈现的是能动的受众形象。

"使用与满足"研究的学者们在探讨受众能动性时，主张与其他多种理论整合起来进行思考。罗森格伦（Rosengren）认为，相同课题被不同学派做了实证研究后，现在的意见已经失去了明显的差异，被一种结论所代替。从这一视角出发，拉德维（Radway）对爱情小说读者的研究得到了很高的评价。

二、英国的文化研究和欧洲的受众研究

20世纪70年代，从对"使用与满足"研究的批判中，英国伯明翰大学现代文化研究中心做出了不同以往的受众研究。在轻视受众能动性的文化研究中，斯图亚特·霍尔（Stuart Hall）的编码/解码理论和戴维·莫利

---

[1] ELLIOTT P. Uses and gratifications research: a critique and an sociological alternative [M] // BLUMLER J G, KATZ E. The uses of mass communication: current perspectives on gratifications research. Beverly Hills, CA: Sage Publications, 1974: 58–59.

(David Morley)对《全国新闻》节目所进行的分析开始引入了对受众的研究。下面对霍尔的编码/解码理论和戴维·莫利的受众研究，以及欧洲的受众研究做一梳理。

1. 编码/解码模式

霍尔批判了美国传播学研究的根基——行为主义范式，强调了范式转变的重要性。行为主义的受众研究中，从刺激—反应模式开始，都是通过电视信息直接作用于个人行为的线性模式来理解电视的传播效果。其实，两者之间包含众多的媒介要素。某种刺激引起某种反应的看法，典型的代表就是皮下注射法，没有考虑到在不同社会集团中导致社会差异的社会因素。霍尔认为文本的释义独立存在，反对效果只对一方发生的线性模式，应该关注媒介文本的传播者和接受者的话语符号，同时提示也要经过马克思主义所描述的生产、流通、消费、再生产环节，即传播过程中存在循环模式。

在编码/解码模式中，霍尔认为编码（大众传播赋予意义的过程）和解码（受众解读的过程）之间具有非对称性，传播不是完全透明的，而是被系统性歪曲。[①]霍尔关注意义的多义性（polysemy），把它跟多元主义严格地区别开来。受众在解码时有三种模式，即偏好解读、协商解读、对抗解读。

霍尔以前的英国文化研究往往把受众看作霸权的牺牲者，而霍尔模式提出了受众能动性的可能性，这是与之前的文化研究重要的分歧点。协商解读和对抗解读反映了受众与支配性意识形态的斗争和抵抗程度，即所谓的受众能动性。罗森格伦强调了霍尔和利维的能动性见解的重要性，认为这有助于凝练出受众能动性范式。不过，这种看法至少对文化研究的学者来说过于乐观了，而且对他们的研究有误读。也就是说，在马克思主义范式中，文化研究模式一方面认同受众能动性在对抗支配性意识形态，另一方面认为这种能动性与"使用与满足"研究的学者们所追求的"自由"相距甚远。英国文化研究中的受众能动性不能解释为个人的自由，这是被社会语境所制约的能动性。

[①] HALL S. Encoding/decoding[M] // HALL S, HOBSON D, LOWE A, et al. Culture, media, language. London: Unwin Hyman, 1980: 128–138.

2. 受众研究与"使用与满足"研究

20世纪80年代以后,曾经提出"受众能动性"观点的受众研究由于解读媒介信息的多样性、人种、社会性别等因素的存在,开始转向强调多重意义解读的可能性。利维斯通(Livingstone)把受众研究归纳为6种不同的类型:① 霍尔的编码/解码模式;② "使用与满足"研究;③ 对媒介霸权理论的对抗性受众研究;④ 后结构主义;⑤ 女权主义方向;⑥ 日常生活文化。施罗德(Schroeder)也把媒介社会学和文化研究结合起来,凝练为受众研究中的文化兼容方向(cross-fertilization)。

受众研究不同于"使用与满足"研究、效果研究那种主流传播学研究方向。例如,杰森和罗森格伦提出与媒介研究共生的受众研究,大致分为5个研究方向:① 效果研究;② "使用与满足"研究;③ 文艺批评;④ 文化研究;⑤ 受众研究。针对这些见解,莫利把自己的研究定位于"进化",超越了反对效果研究中皮下注射模式而发展起来的"使用与满足"研究。

詹姆斯·卡然强调莫利研究与主流研究方向的相似性,批判受众研究是初期效果研究的新修正主义(new revisionism)。初期效果研究和受众研究之间,在方法论、社会中的媒介接触和解释的多元性方面存在很多的相似点。两者均在对抗支配性符号方面显示出受众能动性,因此可以定位于相同的范式。不过,不能把受众研究理解为初期效果研究的新修正主义。这是因为,两种研究的历史、社会、文化、政治脉络与两者间的重要差异相关。这些差异涉及两者间相反的政治范式(前者是马克思主义,后者是自由多元主义)、不同的受众形象(社会主体vs个人)、对能动性的不同测定(反抗支配性符号vs媒介效果的过滤器)、不同的哲学研究取向(批判性vs实证主义)。这些差异反映了受众能动性研究的多样性,这是考虑不同研究交叉可能性时的重要因素。①

3. 受众研究vs媒介帝国主义

对受众研究虽然存在各种各样的认识、见解及批判,但是不可否认这一研究发挥了重要的作用。卫星电视、互联网的普及使人们可以视听越境

---

① CURRAN J. The new revisionism in mass communication research: a reappraisal [J]. European journal of communication, 1990, 5 (2/3): 135–164.

节目，收集信息的机会不断增加，媒介帝国主义的理论再次进入人们的视野。媒介帝国主义是一个相对于媒介产业、适用于文化帝国主义的概念，指责那些经济强国对发展中国家和其他比较弱小的国家进行包括文化控制在内的社会、政治、经济控制。依据这种观点，媒介越来越成为帝国主义掌握的有效工具。受众再次成为越境媒介的被动牺牲者。

但是，针对媒介帝国主义主张的被动的受众形象，受众研究用受众能动性的研究成果进行了批驳。例如，美国肥皂剧（soap opera）《达拉斯》在世界上获得了高收视率，而对这部电视剧的受众研究表明，社会文化脉络中的受众解读是多样化的。①20世纪80年代以后，研究逐渐转向能动的受众形象。对《达拉斯》解读的多样性明显反映了受众受到文化、国际化氛围的影响。

三、日本信息社会论中的信息行动论

日本的传播学研究在很长时间里都是在尝试运用欧美传播学的研究成果来解释日本的媒介接触行为。不过，20世纪70年代，"信息化社会"的概念在日本出现。随着信息化社会理论的不断完善，在受众研究领域出现了"信息行动"这一新概念。而且，与受众能动性相关的研究开始在信息社会论的语境中涌现。信息行动论以解释日本人的行为为目的，因为传播这个概念尚不足以完全清晰地阐明这个问题。因此，本研究需要梳理从信息行为概念出现到信息化引领的信息行动论的研究历程。

1963年，日本民俗学家梅棹忠夫借用动物发声学的概念，用有机体的人类机能进化阶段来对应产业发展的三个阶段。接着，随着媒介经济的繁荣，把有组织地提供信息的产业化的大众传播时代称为信息产业时代，这就是信息产业时代的到来。梅棹忠夫把信息定义为人与人之间传播的一切有意义的符号，不只涉及大众媒介，也包括舆情研究、旅游、教育、宗教等消费和销售多种形态的信息的产业。在信息产业论的补充说明中，梅棹忠夫把信息视作一种环境，把人类感官能感受到的一切都视作信息，使信息成为不同于传播的广义概念。把人和环境纳入信息关系中，这已不属于

---

① ANG I. Watching Dallas: soap opera and the melodramatic imagination [M]. London: Sage Publications, 1982: 87.

传播学的范畴，而是信息生态学的范畴了。

梅棹忠夫以后，林雄二郎提出了信息化社会的概念，催生了各种信息社会理论。在这一背景下，由于对"信息"概念的关注，研究人员把大众媒介中的受众从被动的形象转变为能动的形象。大众媒介的接受行动逐渐被人的"信息行动"所取代。日本开始了对信息行动的研究，并在信息行动论下来探讨受众能动性。

1. 信息行动论

吉田民人曾经对信息行动论出现的背景和基础做过论述。吉田民人没有使用"信息行动"这个术语，但是阐述了传播学向信息科学转向的必要性，认为比起过往的传播学研究应该为信息行动论搭建更加宽泛的框架。[1]

吉田民人以后，许多学者尝试创建信息行动理论，给"信息行动"下了很多定义。20世纪80年代以后，有线电视、录像机、个人计算机等出现，这些媒介可以让学者们从信息环境变迁的角度来思考信息行为的变化。在关注媒介的信息行动论中，池田谦一认为信息行动以满足需求为目的，遵循某种适应性原则进行主体控制，人参与到主体性中。针对狭义的信息行动是以媒介作为中介进行信息处理，桥元良明把它定义为：信息行动是以媒介为中介，直接地对信息进行搜集、蓄积、加工、传播的行为。[2]

20世纪80年代以后，为了理解媒介和人际传播间信息处理的能动性，与新媒体相关的信息行动论研究中出现了传播双向性模式等各种模式。而且，因信息环境变化，使用者的信息处理、选择方案不断增加，对双向性媒介的信息传播等研究使得能动的新媒体受众形象逐渐清晰。

2. 日本的"使用与满足"研究

20世纪70年代后，"使用与满足"研究成为世界范围内的研究热点，

---

[1] 吉田民人. 情報科学の構想: エヴォルーショニストのウィーナーの自然観[M]. 東京: 培風館, 1967: 32–48.

[2] 橋元良明.『情報行動センサス』のためのパイロット・スタディ[J]. 情報通信学会誌, 1986 (12): 81–86.

日本也不例外。1972年，在东京召开了国际心理学会议，卡茨等人的会议发言给了日本媒介研究学者很大的影响，"使用与满足"研究的理论框架、观点、方法、批判等被日本学者广泛介绍，日本出现了大量的实证研究。

20世纪80年代后开始的新媒体时期关注新媒体的"使用与满足"研究，例如个人计算机研究、有线电视研究、电视游戏研究、手机研究、Twitter研究、录像游戏研究等纷纷出现。这些与新媒体相关的"使用与满足"研究结论显示，新型传播技术的功能、效用改变了日本人的生活方式。

3. 信息行动论与"使用与满足"研究

为了理解受众能动性，需要明确信息行动论和"使用与满足"研究的异同。

二者的相似点主要体现在：两者的核心概念都是受众能动性，受众行为有明确的目标指向。二者的不同点主要是：几乎所有的"使用与满足"研究都限定于某一特定媒介（如电视节目），而信息行动则是在整体的信息环境中考察媒介接触行为，在日本人的生活中考察多样化的传播行为。

伊藤阳一阐述了欧美的传播学研究和日本信息行动研究的差异。首先，在欧美的传播学研究中，"使用与满足"研究只着眼于媒介与人的关系，人际传播的焦点才是人与人的关系；在日本信息行动研究中，媒介接触和个性接触均在信息流动的渠道中被关注。其次，欧美的传播学研究，特别是美国的传播学研究受到心理学的强烈影响，很多传播行为的研究目的在于解释心理机制；日本信息行动研究的问题意识主要在于社会信息流通、蓄积的模式因何变成现在的形式，现在的模式能否与人们的信息需求模式相匹配，今后会怎样，等等。①

较之探讨媒介接触心理机制的"使用与满足"研究，信息行动论研究日常生活中人们的一切传播行为。信息行动不局限于单一的媒介，包括互联网、手机等个人专属媒介及多人间的人际传播。为了理解信息社会中年轻人的信息行为，需要整合多媒介环境中的日常活动及家庭中的交流活动，揭示手机、互联网等多种媒介的相互关系。

---

① 伊藤陽一.情報化社会論の新展開［J］.法学研究：法律·政治·社会，1983（8）：29-51.

第二节　社交媒介的相关研究

一、从网络社区到社交媒介

本节聚焦今天隶属于社交媒介的网络社区网站，探究其变化。从名称变化上可以看到，互联网普及不久后社交媒介发生了巨大变化。在我国，曾经以人人网为代表的社区网站，今天变成了微信这种主流社交媒介形态。

可以先从用户的使用动向来观察社交媒介的变化。在美国，进入21世纪后，很多网站的利用者人数出现显著增加，这是社交媒介用户总数不断增加的最重要的原因。社交媒介不是作为客观上的技术集合存在，它反映了社会、用户对媒介功能的需求。原来的电话媒介，随着社会发展及实际使用的变化而改变，它的名称当然也有所改变，而且这种变化包含着社会意义。

本节从社交媒介变化的历史脉络中探讨对社交媒介的研究，分析社交媒介在短期内实现技术进步及快速普及的诸多因素，明确社交媒介用户在信息传播中的一般特征。在此前的诸多研究中，社交媒介自身的发展与在此过程中用户活动的相互关系往往不被重视，其中一个缘由在于对用户变化的把握缺乏理论框架及概念的梳理和界定，而这恰恰就是网络素养。

二、社交媒介的发展

1. 何谓网络社区

当初所说的网络社区指什么呢？很多时候，网络社区是与一般的现实社区进行比较后定义的。关于现实社区本身的定义，罗伯特·雷德菲尔德（Robert Redfield）指出，它强调了社区中的地理性制约，作为社区特征，可以列举出特殊性、小规模性、同质性、自足性。[①]与现实社区相比，可以认为网络社区的特征超越了地理制约。例如，加里·贡佩尔特（Gary

---

① REDFIELD R. The little community and peasant, society, and culture [M]. Chicago: Chicago University Press, 1961: 89–101.

Gumpert）提出，比起地理制约逐渐消失的"空间接近性"，网络社区因"共有价值观"而形成。①而且，霍华德·莱茵戈德（Howard Rheingold）把网络社区定义为一定数量的人们通过计算机网络进行讨论、形成网络连接时实现的集团。②

在日本，池田谦一是从事网络社区初期研究的学者。关于现实社区，他列举了3个特征：① 构成要素间的相互交流；② 存在共同的目标和兴趣纽带；③ 伴随着一定的地理范围。在此基础上，网络社区去除了地理范围的制约，重视交流、共同的目标和兴趣。③

同样，池田谦一认为，首先通常意义的社区被理解为：① 在一定的地理范围内；② 成员具有共同的兴趣；③ 进行相互交流的集团。而且，因这样的网络社区在互联网中成立，所以带有互联网特有的属性。

上述这些研究表明，网络社区基本上与现实社区同质，只是因为网络社区诞生于网络空间中，故缓解了地理制约。

这种定义简单、实用。但是，这种定义一方面有可能简单易懂地抓住了网络社区的特点，但是另一方面或许需要注意它在向人们暗示一般性的、普遍性的特点。现实社区本身也许自人们开始社会生活以来存在已久，只要这样考虑，研究网络社区的网络固有性，以及由此而引起的相互变化就很难。人们想问的是，网络社区有别于现实社区，前提条件是在网络这一特殊空间中形成，在此用户活动如何变化、如何相互影响。

2. 网络社区的逻辑

关于日本网络社区的前身，在 Nifty（富士通经营的日本本土大型门户网站）中是以论坛的形式出现的。网络技术的进步把原来的网络社区规模极大地扩展，与此相关的其他性质也进入了网络社区中。BBS可以认为是网络社区的前身，它设置了回应多种目的的公告栏，在此可以进行各种问题的讨论。BBS用户不同于今天的互联网用户，BBS用户原本

---

① GUMPERT G. Talking tombstones and other tales of the media age [M]. Oxford: Oxford University Press, 1987: 47–49.
② RHEINGOLD H. The virtual community: finding connection in a computerized world [M]. London: Stallabrass, 1995: 118.
③ 池田謙一. ネットワーキング・コミュニティ [M]. 東京：東京大学出版会，1997：206.

就是有限的，因此与参与度高的用户多有关系。而且，BBS也不及互联网的匿名性高。

但是，互联网上一旦形成网络社区，情况就发生了改变。用户不加限定的情况极其普遍，伴随而来的是使用网络社区的匿名用户增加。很多陌生人开始进入到在限定空间中可以有见面机会交流的社区中。因此，从事网络社区研究的学者曾经指出，网络社区是由发言的少数人，即基本访问成员（radical access member，RAM）和潜水的多数人（read only member，ROM）构成。

RAM和ROM的形成本身并没有什么问题，不同于一般意义上的社区，两者之间有一种能力上的差异。而且，若涉及网络社区的持续性，RAM比ROM更有存在的必要。在很多网络社区中，很难把只是静观的人拉进交流中。这里，有必要建立两种架构：一种是把RAM留住的架构，另一种是把ROM转换为RAM的架构。但是，留住RAM的基础架构很有可能在社区中并不具备。这就是所谓的互酬逻辑，或是交换逻辑。①

一般情况下，用户在需要得到答案时会浏览网站。首先是观察由RAM书写的公告栏，收集对自身有价值的信息，这样就变成了ROM。他们有时可以找到答案，但是有时找不到答案。这时候，首先从ROM转化为RAM有一定的困难。这种困难主要是网络社区的氛围，以及用户本人的性格。无论什么困难，该用户在提出问题时就已经变成了RAM。而且，写下问题后，当然有未能收到答案的时候，但更多时候应该是其他用户给出了答案。结果是实现了该用户最初的目的。

但是，从这一瞬间起，该用户已经有机会转变为更加积极的RAM。这里重要的是"感谢"之情。感恩的用户不能无动于衷，今后他会把感谢融入解答其他人的问题中作为回报。这样，就出现了社区。接受感谢，并回馈感谢，这是基于互酬逻辑的回礼义务。这种回礼行为是可以理解的。在文化人类学的研究中，曾经在刀耕火种的社会中发现了互酬逻辑，把赠予行为视为焦点。而且，一旦发生赠予，施与方与接受方就会出现实力差距。因此，为了消除这种实力差距，就会不间断地进行交换，也就出现了

---

① 水越康介. 仮想商品の物象化を伴う象徴的交換：ネット・コミュニティにおけるアバターの意義［J］. 日本情報経営学会誌，2009，29（2）：94-103.

交换的延续。①今天，我们送生日卡、逢年过节送礼就是持续性赠予交换形式的传承。

3. 面向社交媒介的技术转换

如果把 RAM 留住的架构具备了社区功能，那么有必要进行具体的完善。而且，把 ROM 转换为 RAM 的架构就成为新的课题。即使处于摇摆中，也能看到这种萌芽，但是博客（blog）的出现使这种情况发生了根本性的改变。

2000 年前后，博客开始流行。博客是网络上共享信息系统 Web 与计算机通信日志 log 的混成词。1999 年，美国人免费公开了制作博客的专用软件后，博客网站开始迅速流行。很难严格地给博客下定义，一般来说，博客指使用特定软件在网络上出版、发表和张贴个人文章的人，或者是一种通常由个人管理、不定期张贴新文章的网站。博客上的文章通常以网页的形式出现，并根据张贴时间，以倒序排列。

在我国，2005 年新浪博客出现后，博客用户急速地增加。国内外博客开设者迅速增加的原因是任何人都可以简单地制作网页，这是博客的一大特征。原来用户开设网页，计算机语言、网络等相关知识必不可少。但是，现在只要能制作简单的文章，就能简单地做成网页，并进行更新。

在博客中无须考虑从 ROM 转化为 RAM，用户从一开始就选择了订阅源（rich site sammary，RAM）的角色。博客是为个人准备的网页，同时向外界公开。凭借自身兴趣简单地写下文字，这种做法就是把自己视作 RAM 进行训练，促进了与外界的交流。

但是，博客的优势不只这些，它具备从 ROM 转化为 RAM、让 RAM 继续保持 RAM 身份、积极地促进双向交流等机制。当时，被广泛关注的是使原来看不见的交流可视化，具体的技术是引用通告（trackback）、订阅源（rich site summary，RSS）等。引用通告可以自动生成链接，通知被用户所引用的日志，这样博客之间就通过引用通告互相连接了起来。因此，有人将之称为"思想的桥梁"。在原来的网页中，可以给自己的网页制

---

① モース M. 社会学と人類学（1）[M]. 有地亨，伊藤昌司，山口俊夫，訳. 東京：弘文堂，1973：21.

作链接，但是如果想在他人的网页中设置链接，就必须要经过对方同意后由对方链接。而且，如果谁想知道自己网页上设置的链接，就必须进行复杂的通信记录解析。引用通告使这些操作自动化。

这种功能带来了以下几种效果。第一，博客具有共享性。用博客产生的知识可以共享的方式扩散。每个博客有固定的网址，所有网民都可以通过这个网址阅读文章，从而最大限度地实现个人资源共享。第二，博客具有互动性。博客以留言的形式进行交流，传者和受者可以实时互动，成为真正意义上的对话者。博客打破了传统媒介中单向的传播方式，信息的发出者也可以是接收者，具有双重性。这种互动性可以调动人们积极参与的愿望，实现一些在现实中受限制而不能参与的交流。第三，博客具有大众化特征。在技术层面，博客满足了"四零"（零技术、零成本、零编辑、零形式）条件，将最简单实用的形式免费提供给使用者。

当要高效、便利地确认众多博客的变化时，就要用到RSS订阅功能。这种订阅功能可以让想了解你的博客动态的朋友不需要来到你的博客，就能知道你的博客的更新情况。如果经常写一些日志或上传图片，那么RSS订阅功能将第一时间通知你的朋友你的博客有更新内容。

原来的网页很多都是按照HTML的代码规则来表示，以信息为单位用繁多的形式提供数据，所以要实现数据库化很困难。与此不同，用与RSS相对应的格式制作，意味着可以按照单一标准整理多个信息群。RSS不仅对信息的接收方有价值，对信息的传播者也有价值，因为它可以把具有时效性的信息及时地向接收方传达。而且，RSS的更新操作均由博客工具完成，所以信息发送者除了更新内容外不需要进行特别的操作。可以认为，如果信息的发送和接收能够无缝进行，则交流会变得越来越容易。

4. 社交网络服务的出现

以引用通告、RSS为代表的博客技术确实促进了交流的可视化，助力了用户的网上活动。但是，博客的使用仅仅限于一部分用户，而以更加一般的形式让博客普及开来的是社交网络服务。社交网络服务提供服务的原则有二：一是邀请制，二是公开个人资料。以前几乎所有网络社区的原则都是所有人均可以参加，这一点可以说与博客一致。社交媒介需要已经登录的好友邀请后才能加入。因此，用户从加入的那一刻起，就说明用户拥有一个现实世界中的熟人。只是随着用户规模的扩大，这种倾向弱化。Myspace、Facebook从一开始就采取这种开放的姿态，但是日本的mixi却在2010年废止了邀请制。

与此相随的另一原则是公开实名在内的个人资料。在社交媒介中，需要公开自己的姓名、性别、出生地、职业、兴趣、照片等资料。虽不同网站要求公开的项目和程度有差异，但是需要公开的用户个人资料并不少。因为邀请制的存在，使得已经有人知道了用户的个人信息，结果是虽然存在程度上的差异，但是相比匿名更加显现出实名制的倾向。于是，在社交媒介中，参加者知晓自己是谁、对方是谁，运用较为开放的知识进行交流。当然，不可否认的是，依然有不少用户保持着匿名状态。

在很多社交媒介中，用户全体设置了记日记的功能。这与博客的功能类似，引用通告、留言等都能诱发交流。与博客的日记功能不同的是，社交媒介的公开范围有限。一般网页中的博客，基本上谁都可以看到用户撰写的日记。但是，在社交媒介中，则只有网站中的登录者才能浏览。至于网站中的登录者，既可以选择向全体公开信息，也可以选择向好友，以及好友的好友公开信息。与博客相比，社交媒介的安全性、洁净性似乎更好。

5. 社交网络服务的现在时

以上阐述了网络上社区网站的迅速发展。在可见的历史中，总体来看互联网出现前后的社区网站只限定为特定的用户才能使用。但是，随着互联网的普及，社区网站向任何人都可以加入的方向发展。通信可视化技术可能最为基础，可以看到满足客户需求的过程。但是，技术发展并不能简单地使社区网站得到利用，与博客那种开放性网站相比，社交媒介具有封闭的特性。社交媒介利用特定的技术限定用户对网站的利用，而且还在进一步朝着这个方向深化。这里需要注意的是，在技术的升级中，使用互联网、社交网站的用户的使用行为也在发生变化。

第三节　社交媒介环境——以智能手机使用为特征

一、我国手机的使用情况

第41次《中国互联网络发展状况统计报告》的统计数据表明，我国手机网民规模达7.53亿，网民中使用手机上网人群的占比由2016年的95.1%提升至97.5%，网民手机上网比例继续攀升。其中，20~29岁年龄段的网民占比最高，达30.0%。①从媒介论谱系的观点来看，21世纪头十年是Web的时代，是从多媒体向网络过渡的大变革时代。进入21世纪第二个十年后直到现在，可以说是智能手机和社交媒介的时代。

截至2017年12月，中国互联网的使用者已经达到7.72亿人，全年共计新增网民4 074万人，互联网普及率达55.8%，较2016年提升了2.6个百分点。②我国互联网使用的特征之一就是利用者大部分（72.6%）集中在城市，且通过手机及智能手机上网是主流，这部分人中甚至有人并不了解计算机的使用方法。③伴随着移动终端的急速普及，互联网的利用规模不断扩大，这反过来又促进了互联网移动终端的利用。普通手机到智能手机的升级换代使年轻人的交往方式发生了巨大的变化。交流工具日趋多样化，在所有年龄层中广泛使用的微信更是成为交流中不可或缺的应用程序，而在数码传播时代最具代表性的短信息工具已成为明日黄花。随着智能手机等高性能移动终端设备的普及，台式计算机在可以预见的将来也会成为过去的记忆。

移动终端设备在向日常生活渗透，互联网把自我认同从率直展现、自由的匿名空间中一步步拉向现实世界。美国学者对13~19岁的社交媒介接触者所做的调查发现，今天许多年轻人出于社交目的，通过网络与在物理场中

---

① 中国互联网络信息中心.中国互联网络发展状况统计报告［R/OL］［2018-06-27］.https://wenku.baidu.com/view/566d9905657d27284b73f242336c1eb91b373345.html.
② 中国互联网络信息中心.中国互联网络发展状况统计报告［R/OL］［2018-06-27］.https://wenku.baidu.com/view/566d9905657d27284b73f242336c1eb91b373345.html.
③ 河又貴洋.東アジアのソーシャルメディア環境をめぐって：日中のソーシャルメディア展開と文化生活基盤［J］.東アジア評論，2018，10（3）：143.

结识的朋友交流，相较以前这种新型社区更加密切了关系，使人们从在线角度理解自我展现。①也就是说，社交媒介在很多情况下是为了强化现实社会中的人际关系而被加以利用的。智能手机寸步不离、走路也要手握手机使得社交媒介（在线）与现实社会（下线）的界限越来越暧昧。这种"在线的下线化"在年轻人中非常普遍。

互联网是催生出联系的媒介。这里所讲的联系分为两类：一类是可以跟未曾谋面的人相识并联系，另一类则是维持既存朋友关系。一般来说，互联网带来的惊喜是前者，它极大地增加了世界上未曾谋面的人们相识的机会。这是讲到互联网特征时一定要强调的媒介特征。社交媒介把不特定多数的用户联系起来，这是一个巨大的优势。但是，与素未谋面的用户接触也带来了涉及人身安全的隐患，许多案例让人心有余悸，从而产生抵触行为。

二、智能手机的特征

通过利用社交媒介及其他最新的交流工具，人们享受着彼此联络的便利。在校大学生一般都有智能手机。与早期的手机相比，智能手机具有以下几个特征。

（1）可以自由添加应用程序，使手机功能具有个人色彩。
（2）触屏式操作使手机的使用更加简便直观。
（3）可以自由浏览互联网网站。
（4）屏幕更大，更便于浏览图片和影像。
（5）与早期手机相比，智能手机屏幕使信息更具表现力。

便携性和即时性是两者最大的区别，触屏式的智能手机操作简洁有趣，画面较大，使得其在多媒体传播中更具表现力。因为硬件性能高，所以复杂的手机游戏、短视频制作等均可以轻松地体验、完成。发挥智能手机的这些特点，可以和朋友分享内容，其中聊天娱乐的应用程序人气颇高。

与计算机相比，智能手机最明显的长处就在于它是可携带的媒介，能

---

① ダナ·ボイド.ながりっぱなしの日常を生きる：ソーシャルメディアが若者にもたらしたもの[M].東京：草思社，2014：34.

够边走边交流，在信息的即时处理上优势明显。在外出时，智能手机内置的照相功能可以拍照，并且根据需要还可以加工照片，转发给各种社交媒介。从信息制作的角度看，使用智能手机的技术门槛低，与重视即时性的社交媒介，如微信等的黏合性好。利用上下学路上，甚至是上课时等一切碎片化的时间，可以进行与计算机同等效果的信息收集和交流。

从家用台式计算机转发信息到社交媒介时，操作比较烦琐。比如，携带数码照相机外出拍摄，回家后把拍摄的影像导入计算机，需要相应的软件才能加工编辑；为了上传到网络，还需要传输时间和精力，并面对像微博这类的社交媒介。笔记本电脑虽然可以携带，但是在拥挤的地铁或公交车上难以工作，所以不能认为它是信息处理和即时交流性能高的媒介。

因此，从传播的角度来说，智能手机在时效性、表现力和传播性上优势明显。随着智能手机的普及，社交媒介会越来越受到用户的青睐。

三、对社交媒介的认识

社交媒介是随着 Twitter、Facebook 的使用普及开的。在中国，2011 年出现了微信，且微信用户激增，社交媒介也进入了普通人的生活中。社交媒介并没有明确的定义，一般的消费者下载应用程序后，可以自由表达的媒介都具有社交媒介的特征。使用微信这样的社交网络服务，用户可以和认识的、关系较为亲密的朋友互通信息，在用户间实现双向的信息传播、编辑。社交媒介的命名是把英文中的 social 直接置换成了中文。在社交网络服务中，这种服务是否体现了社会性不得而知，但是可以肯定的是它联结了用户，是一种联结的媒介。

在本研究中，笔者把社交媒介定义为作为信息消费者的一般用户与其他用户共享自身信源信息的传播媒介。Twitter、Facebook、Instagram 和微信就是最有代表性的社交媒介。现在，在中国广泛使用的微信这一传播工具，依托智能手机，通过网络实现快速发送语音、视频、图片和文字等信息，也是支持多人群聊的移动通信软件。微信是一款操作简单的即时通信工具，也是一种生活方式。

四、微信的媒介特征

微信是一种颇具代表性的社交媒介。因此，要探讨社交媒介，就有必要归纳一下微信的传播特征。微信的传播特征以移动互联网技术和智能手机的发展为基础。从传播学的视角来看，微信的主要传播类型是人际传播和组织传播，兼有专业组织对网民的大众传播性质。微信具备私密性、精准性等特征。微信的传播范围主要在有限的圈子里，也就是在微信用户之间进行信息传播，只能对关注的微信好友进行传播。微信体现了手机媒介的传播特征，具有初级的全媒体性质。微信传播具备准实名性、个人私密性、弱大众传播能力等特征，它可以维系人际关系网络，但是受众范围较窄。微信平台给人类的传播活动带来了革命性的变化，它的传播特征十分复杂，认识和把握微信的特点及其规律，有助于进一步了解社交媒介的本质和现代信息传播在社会生活中的重要意义。

微信的主要媒介特征可以概括如下。

（1）微信依托智能手机，采用先进的信息传播技术。

互联网自20世纪90年代逐渐开始商用以来，至今已走过了20多年的历程，经历了从Web 1.0到Web 2.0，再到Web 3.0的互联网应用时代。Web 1.0时代的应用主要依靠HTML语言呈现信息，是初级阶段的网络应用。Web 2.0是一种创新的服务模式，应用于各个行业，通过各类应用渗透到互联网用户，以blog、RSS、Wiki等技术和理论为基础。Web 3.0不仅仅是技术上的创新，更是思想上的创新。[1] Web 3.0的技术特点是综合性的，语义网是实现Web 3.0的关键技术。目前，国内外互联网在Web 3.0技术的支持下，互联网应用呈现出了较好的发展态势。在众多互联网应用当中，微信的发展极快，用户数量呈几何级数增长。微信采用先进的互联网传播技术，主要依托于智能手机终端。微信是创新的先进信息传播技术与人们不断增长的交往需求融合的必然结果。

（2）微信传播可以精准高效地选择受众。

微信的关注或被关注是现实生活中某种关系的直接或间接的映射。微信使信息的发送具有特定性，而且微信具有分组和地域控制功能，可

---

[1] 肖红，童静. Web 3.0相关研究评述与展望[J]. 农业图书情报学刊，2011, 23（7）：57–61.

以实现信息的精准推送。从传播特征来看，微信传播不同于微博传播，微博传播更像一个电子公告牌，只要路过的人都可以看到，而微信必须通过某种验证许可才能获取信息，信息传播更加精准，信息的发送者与接受者有着更加密切的关系，信息传播的主体相互有所了解，可以有针对性地将有价值的信息推送给用户。

微信以语音、视频、图片、动画、音乐等信息为传播内容，进行同步或者异步传播，传播效率较高。由于手机媒介具备了同步或异步传播的特征，微信传播同样具备这样的特征。同步传播和异步传播的结合丰富了社交方式和手段。微信作为全新的社交平台，为人们快节奏的生活提供了便利，符合现代社会人与人交往的需要[①]，是信息在发送者和接受者之间及时传播的重要手段。

（3）微信传播者集传播者与受传者于一体，强化了其作为具有双重性质的主体的角色。

作为传统传播过程中的两个主体性要素，传播者和受传者对于传播过程的重要性不言而喻。在传统传播中，传播者是传播过程的起点，是传播活动的控制者；受传者是传播过程的终点，是传播活动的被动接受者。信息传播技术的引入使得新兴媒介的传播特征发生了深刻的变化，传播者和受传者之间的边界变得极为模糊。在一次特定的传播中，有传播者和受传者之分。从整个微信传播体系来看，传播者和受传者的关系呈现出一种互为你我、我中有你的交织状态。信息传播技术的使用强化了微信传播者作为主体传播者和信息接收客体的双重性质。

（4）微信传播涉及社会生活的多个方面，呈现出内容多样化、时间碎片化的特征。

随着智能手机的普及和移动应用的丰富，微信的用户数量飞速增长。微信传播的内容涉及交流类、信息获取类、商务交易类、学习阅读类、休闲娱乐类等。微信发送信息的形式包括语音聊天、文字聊天、朋友圈、群聊、摇一摇、看一看、免费或付费游戏、公众号、扫一扫等，并且与支付、购物、教育、餐饮、理财、打车等应用场景广泛结合，成为线上线下互动的重要平

---

① 李冬.微信的特点和应用趋势［J］.科技传播，2013（22）：50–52.

台。未来主要依靠的技术创新还将迎合更多的手机网民的需求。微信的信息传播通过技术实现了对信息公开程度的有效控制，如屏蔽、设备私密等。微信所开创的"既公开又封闭"的信息发布方式，让用户的信息有了介于私密和公开之间更值得信赖的释放方式。①微信用户可以在海量的微信信息和应用中自由地选择。

（5）微信传播应用广泛，是一个强大的媒介融合传播体系。

微信是基于移动互联网和互联网融合的新的产品形式，是技术创新的结果，同样也是社会需求引领的产物。随着互联网的进一步发展和用户需求的变化，微信已经广泛应用于新闻发布、高校教育、品牌传播、产品营销、物流、酒店服务、移动支付等多个领域。当前，微信用户数量的增长速度远超国内外其他同类软件，是全球最具潜力和影响力的移动社交平台。随着技术的发展，微信对传统移动通信市场及互联网业务的侵蚀越来越强。微信还将继续深入社会生活的各个方面，成为最具创新性的互联网应用之一。

---

① 白雪竹，郭青．微信：从即时通讯工具到平台级生态系统［J］．现代传播（中国传媒大学学报），2014，36（2）：130-133．

第三章
各国留学生政策的比较研究

世界各国的高等教育均受到全球化的深刻影响。本研究选取了作为教育发达国家或地区的日本、美国和欧盟的留学生政策进行解读和分析。本研究首先探讨了日本以高等教育国际化为目的,实施"留学生30万人计划""全球化30"的留学生政策,但这是否是妥当的政策尚未有定论。随后,对美国的留学生政策富布赖特项目、亚伯拉罕·林肯留学委员会计划,以及欧洲的高等教育政策伊拉斯谟计划、博洛尼亚进程的目的和特征进行梳理和研究,目的在于与我国的留学生政策做比较。通过比较,审视我国留学政策的不足之处,探讨适应全球化时代的中国留学生政策。

第一节 日本的留学生政策

2008年日本政府为提高高校教学科研的国际竞争力,作为全球化发展战略的一环,发布了"留学生30万人计划"的框架。当时,在日本高等教育机构学习的留学生约有12万人,计划到2020年人数翻番,实现30万人的目标。仅从学生数量考虑,在校留学生人数增加近2倍,如果不全盘规划与之相关的援助体制,如学生宿舍的增加、生活援助体制、辅助教学体制、奖学金制度的完善等,迫于生育率降低导致的人口减少的压力,不难想象大学经营会出现捉襟见肘的窘态,因此必须考虑接纳留学生的种种事宜。实际上,"留学生30万人计划"不是由分管教育的文部科学省提出的,而是由文部科学省与外务省、法务省、厚生劳动省、经济产业省、国土交通省六省联名提案的,这是因为留学生工作不仅仅是高等教育部门能够独立承担的。不过,回顾过往招收留学生的历史,再联系现实,让人感到接收2倍以上的留学生、实现30万人计划的形势十分严峻。实施留学生政策,不仅要解决日本国内问题,同时还要对应全球化社会,提高国际竞争力。因此,不仅要分析国内问题,还要从全球化的视角来分析国际问题。同理,本研究为了多角度探讨我国留学生工作的诸多问题,不仅要有国内视角,还需要研究海外国家的留学生政策。

一、出台"留学生30万人计划"的过程

1. 接收留学生10万人计划

1983年时,日本只有留学生1万人,所以制定了到21世纪初增至10万人的目标,中曾根内阁提出了《21世纪留学生政策的相关提案》,通称"10万人计划"。提出"10万人计划"的背景是,当时日本留学生数量较之其他发达国家明显偏少。1982年,美国31.2万人,英国5.3万人,联邦德国5.7万人,法国11.9万人[①],人数不到8 000人的日本留学生数量比起这些国家,差距明显。留学生交流可以促进日本与其他国家的相互理解,提高教育科研水平,帮助发展中国家培养人才,日本政府认识到这是一个重要国策。当时,日本和多国贸易摩擦激化,各国反日情绪高涨,以日本经济界为中心的有识之士开始认识到实现人员交流意义重大。日本政府把当时接收11.9万留学生的法国作为榜样,制定下10万人的目标。

到1994年,日本的留学生人数稳定增长,一段短暂的停滞期后,自1998年起留学生再度增加,终于到2003年时达到了10.95万人,达到了预期目标。不过,虽然留学生的数量有所突破,但是与其他国家相比,国际社会对日本在促进相互理解、提高教育和科研水平、为发展中国家培养人才等方面仍然抱有疑问。有学者在分析留学生数量增长的原因时指出了日本签证政策的放宽、中韩等亚洲国家经济状况的改善,以及日

---

① 寺倉憲一. 我が国における留学生受入れ政策:これまでの経緯と『留学生30万人計画』の策定[J]. レファレンス, 2009 (23): 27-47.

本被认为是可以一边打工一边学习的国家等因素。总之，领先周边国家的经济实力吸引着留学生们。①

2. 中央教育审议会推进新的留学生政策

2003年12月文部科学省的中央教育审议会在实现"10万人计划"后，发布了一份报告。该报告总结了日本迄今为止的留学政策，颁布了今后的留学生政策。这份报告从相互交流的观点指出了日本在留学生吸收和派遣方面存在两种失衡：一是留日学生人数和日本海外留学人数不平衡；二是留学生的出身国和日本学生留学目的国不平衡。留日学生的九成都是亚洲学生，中国和韩国就占到八成，而去海外留学的六成日本学生都是去北美，再加上去欧洲的占到了全体的八成。从这两点可以看出，因留学日本和去其他国家留学而促进的相互理解处于失衡状态。报告指出，迄今为止的国策中，国际贡献的重点主要置于留学生的招收，而在日本学生海外留学的政策应对方面力度不够。

该报告更是谈到了对留学生质量和招收体制的意见。日本各大学在选拔入学学生、教学研究指导、学籍管理等方面的制度并不健全，草率地招收留学生，有可能导致缺乏学习主动性的留学生滞留日本。

鉴于此，中央教育审议会认为新留学生政策的基本方向在留学生招收和派遣两个方面，进一步推进交流，各大学要发挥主体作用，支持日本学生到海外留学，确保留学生质量，完善招生体制，建立日本学生援助机构来支持留学生和各高校。

3. 制定新政策"留学生30万人计划"的过程

2008年1月，时任日本首相福田康夫在国会发表施政方针演说，提出了"留学生30万人计划"。中央教育审议会设立了留学生特别委员会，开始讨论与新留学生政策有关的问题。2008年的框架方针明确，同年开始实施"全球化30"，即30所国际化重点高校项目，制定"留学生30万人计划"，推进各个项目的具体细节。同年7月，内阁制定了《教育振兴基本计划》，

---

① 茂住和世. 『留学生30万人計画』の実現可能性をめぐる一考察［J］. 東京情報大学研究論集，2010（13）：40—52.

相关各政府机构合作推进"留学生30万人计划",以扩大留学生的招收。

二、"留学生30万人计划"的框架

2008年7月以后,"留学生30万人计划"成为日本的国家政策,相关政府机构、高等教育机构共同推进留学生政策。该计划的主旨首先是扩大亚洲、世界之间的人、物、资金和信息的流动,作为"全球化战略"的重要一环,2020年招收30万留学生。在吸引高素质人才的同时,关注国家、地域、专业,战略性招收留学生,发挥科技文化领先的优势,对亚洲各国做出贡献,以此唤起人们留学日本的兴趣。各相关部门从留学生入学考试、入学、签证开始,直到在大学学习、进入社会入职等毕业后的路径,进行全面的、有机的协作,以推进计划的执行。为了体系化地完成这些目标,提出了5点具体方案:① 招收海外学生留学日本,激发留学动机,简化留学手续;② 改善留学生入学考试、入学、签证手续;③ 日本高校推进全球化战略,建设有魅力的大学;④ 优化接收环境,使留学生安心专注地学习;⑤ 毕业后帮助留学生进入日本社会。[①]

日本在实施"留学生30万人计划"之际,政府在以上5个领域提出具体方案,由相关各部门、大学、机关等合作推进。自"留学生30万人计划"发表后,制定各类具体实施方案的核心就是大学推进全球化进程。

三、全球化30

1. 公开招标建设国际化基地（全球化30）

"留学生30万人计划"为了推进高校国际化水平,确定了30所日本大学作为国际化基地重点培养。制定"留学生30万人计划"的第二年,2009年4月文部科学省所管辖的日本学术振兴会颁布了《国际化基地整合事业——全球化30年》,公开招标要旨,选定招收留学生的基地。在符合条件的各教育机关中,欲招募15所国立大学和7所私立大学,通过文件审查和举行听证会等方式进行选拔。最终的甄选结果是国立大学中的东北大学、筑波大学、东京大学、名古屋大学、京都大学、大阪大学、九州大学

---

① 文部科学省高等教育局. 我が国の留学生制度の概要：受入れ及び派遣［DB/OL］［2018-08-16］. http://www.mext.go.jp/a_menu/koutou/ryugaku/06082503.htm.

及私立大学中的庆应义塾大学、上智大学、明治大学、早稻田大学、同志社大学、立命馆大学胜出。日本政府将在5年间给予这13所大学2亿～4亿日元不等的经费支持。

2. 全球化30构想

被全球化30选定的这些大学，在申请时就需要提出建设国际化基地的相关构想（以下简称"构想"）。在"构想"中，中长期愿景是要建构国际化、高质量人才的聚合基地。为此，大学有义务满足"构想"中的6项内容，并明确实现的步骤和时间。

（1）设置纯英语授课即可取得学位的项目。

（2）整备招收留学生的环境。

（3）基地大学的国际化。

（4）在海外建立招收留学生的海外大学协作事务所。

（5）实现目标。

（6）国际化基地的运营体制。

为使这6个构想具体化，被全球化30选定的大学纷纷设置英语课程，进行留学生职业规划，开设海外办公室，完善教师的聘用。被全球化30选定的大学要想自行完成目标难度很大，可以想象，学校内部会有很多不同意见。全球化30为了实现招收30万留学生的计划，没有研讨论证方略，所以2009年和2010年召开的行政刷新会议上颁布了《业务分类》，全球化30两次做出"削减预算""临时冻结"的判断。

四、研讨"留学生30万人计划"和全球化30

1. 接收留学生30万人目标的妥当性

招收留学生的目标人数设定为30万人，主要是依据三个结论最终确定下来的。第一，2006年文部科学省委托一桥大学留学生中心做了《留学生交流的未来预测调查研究》。在该调查研究的报告中做了留学生动向数值的预测，阐述了30万人目标数值的依据。调查组成员之一的新田指出，澳大利亚非营利组织IDP的报告预测，到2025年全世界留学生的总数预计达到769万人。如果日本维持住占世界留学生总量4.2%的比例，到2025年则达到32万人。①第二，过去一年间留学生持续增长，按照留学生增长率最高的1999—2006年的数据计算，到2025年预计达到32万人。第三，调查研究还进行了问卷调查，调查各大学5年后、10年后预计招收的留学生数量。根据问卷调查测算出数据，预测2025年接收留学生23万人。这样看的话，问卷调查数据与32万人相差了9万人。调查团队指出，各高校回答的依据是现有招生制度下的数字，并不是以彻底改革为前提的预测。某种程度上以改革目标完成为前提，提出了到2025年在日留学生30万人。中央教育审议会接受了这项委托调查研究的结果，提出有必要迅速整合留学生的接收环境，更早地实现2025年目标，设定到2020年达到30万人的目标。

正如前所述，根据三种方法测算的2025年留学生预想值是极乐观的观点。不过，有学者认为，1999年以后留学生人数的增加与入境法的放宽、确保私立大学学生规模等政策有很大的关系。想尽各种办法，说强行也不过分地让留学生数量增加是基于1999年以后的增长率测算的，不得不怀疑其是否妥当。而且，世界范围内留学生数量的增加不可否定，留日学生能否维持在4.2%的比例并不确定。日本大学留学生招收体制需要进行根本性改革，30万人的数字是过分乐观的预测，有必要怀疑这个目标能否实现。

2. 研讨全球化30

在思考"留学生30万人计划"目标的规模时，可以看到这是政府行为，日本各大学必须全力以赴。可是，文部科学省制定了支持特定大学的全球化30，现在却只选定了13所大学。政府为让13所大学推进国际化决定投入补贴，全球化30是否能够完成推进日本大学国际化的事业令人存疑。以下主要从三个方面来讨论全球化30的问题。

首先是大学间国际化发展不均衡。全球化30的指定高校拥有充足的资金，一方面可以整合国际化资源，建设吸引留学生的课程并治理学习环境，另一方面是其他大学由于人口减少的影响面临严峻的经营形势，难以设置吸引留学生的英语课程并充实师资力量。大学经营的窘境众所周知，有人认为留学生增加有助于改善经营现状，但是事实并非如此。日本国际教育

---

① 横田雅弘，服部诚，太田浩，ほか. 留学生交流の将来予测に関する調査研究［DB/OL］
［2018-07-16］. https://hermes-ir.lib.hit-u.ac.jp/rs/bitstream/10086/15764/7/0490800101.pdf.

交流协议会（以下称JAFSA）问卷调查的结果显示，许多大学减免了自费留学生的学费，从三成到五成不等。此外，还有高校的奖学金、学习奖励费、留学生宿舍的维持管理费等留学生相关经费，大学出资金额不少。而且，这还不包括与留学生相关的教职员的直接费用。没有补助金，就难以增加留学生人数。全球化30限定只给13所大学支持，这是不公平的。

第二是持续性。全球化30计划实施5年，但是教育改革不可能5年完成。例如，如果开设了新英语课程，课程设计等需要准备时间，实际上从开始招生就要用1~2年的时间。而且，在计划初始年度入学的学生在毕业时正值全球化30计划结束之时。全球化30计划结束后，各大学需要自己筹资填补这部分经费。依赖补助金设置的新课程、进行的国际化推进，反过来使将来的大学经营更困难。

第三是和海外大学的竞争。全球化30构想中所阐述的纯英文授课就可以获得学位的课程可以吸引留学生是有目共睹的，但是想用英语学习的学生还是去英语国家留学了。日本大学为了和海外大学竞争，就必须保证研究和教育的质量。大学如果不进行高水平的研究、聘用世界知名学者、建设有就业优势的高校，就不能跟国际上的大学竞争。因此，设置纯英文授课就可以取得学位的课程可以保证教学质量、具备国际竞争力的理论欠缺说服力，这不能使日本大学具备国际竞争力。

接下来将讨论美国和欧洲的留学生政策，进一步探讨高校的国际化进程。

第二节　美国的留学生政策

本研究探讨美国留学生政策中的富布赖特项目和2004年创设的亚伯拉罕·林肯留学委员会计划。本节阐述计划和具体操作的整合性，明确这些做法的意义，以考察我国留学生政策的可行性。

一、富布赖特项目

1. 富布赖特项目的设立

1945年，第二次世界大战胜利前，也就是美国在向日本投掷原子弹的数周之前，参议员威廉姆斯·富布赖特指出，与其他国家的相互理解是美国国家安全有史以来面临的最重要课题。[①]为避免国际纷争，作为强化战后西方阵营关系的手段，应该强调教育交流的重要性，诉诸国际教育价值。富布赖特向美国议会提交交流计划法案，杜鲁门总统签署通过，决定在第二次世界大战结束后的1946年8月1日，正式启动政府主导的留学交流项目。

经过准备期，1948年富布赖特着手这项工作，到2010年已与155个国家缔结了交流协定，约有30万人参与了这个项目。

2. 中美学术交流中的富布赖特项目

以发起人美国参议员富布赖特命名的这一留学交流项目，是中美两国政府间重要的文化教育交流项目。它由中华人民共和国教育部与美国驻华大使馆共同负责、平等磋商、合作管理，旨在通过教育和文化交流促进国家间的相互了解。自1979年开始执行以来，该项目在我国高等院校的人才培养、师资队伍和学科建设方面发挥了积极的作用。项目目前由美国专家来华讲学和中国学者赴美研修（包括联合培养博士项目）两部分组成，学科领域主要为人文、社科、管理和法律等。每年都有相关讲座定期举办。

整个项目选派资助的学科应为美国问题研究的相关领域。申请人须有与美国问题研究相关的教学经验、研究兴趣和专业背景。项目优先考虑能明确表明需到美国进行研究的重要性及非常愿意通过参加本项目增进中美两国相互理解的申请人。具体学科领域如下：哲学、理论经济学、应用经济学、法学、政治学、社会学、民族学、教育学、心理学、体育学、外国语言文学、新闻传播学、艺术学、历史学、管理科学与工程、工商管理、农林经济管理、公共管理、图书馆、情报与档案管理。项目主要内容包括富氏学者来华任教、富氏专家短期讲学、项目资助中国学者走出国门等。

3. 富布赖特项目和我国文化教育政策的比较

富布赖特项目吸引学生、学者的一个重要理由就是丰厚的援助体制。富布赖特项目奖学金基本上都是资助留学需要的全部费用，包括往返机

---

① JOHNSON W, COLLIGAN F J. The Fulbright program: a history [M]. Chicago: University of Chicago Press, 1965: 22.

票、生活费（留学地点不同，金额不同）、学费（只限于研究生院），以及房租、抵达后的杂费、行李费、家属补贴等。富布赖特项目在美国政府赞助的国际学术交流项目中是影响力最大的旗舰项目。

我国也有相当于富布赖特项目的奖学金制度，名曰中国政府奖学金。项目以决定来华的学生和学者或者已经在华留学的人员为对象，资助在中国高校学习或开展科学研究的非中国籍公民，包括修习学位的留学生和高级研究人员，资助费用涉及往返机票、学费、生活费等。富布赖特项目的受助者大部分是人文社科领域中的专业人士。与之相比，我国政府奖学金的主要资助对象是留学生，包含一部分访问学者，资助项目不限专业和研究领域。中国政府奖学金资助了近5万名来华留学访学人员，占来华留学生总数的11.07%。[①]虽然两者资助对象看似有差异，但是作为政府出资的文化教育交流项目，两者在建构国家软实力、服务于国家文化外交战略上的定位是一致的。

笔者没有找到我国针对曾受到富布赖特项目资助的人员实施的调查研究。日本学者对富布赖特项目和JAFSA会员进行过实证研究[②]，这个研究结果在很大程度上可以给中国留学政策评估以有益的启示。根据问卷调查可以看到，在对富布赖特项目、JAFSA会员的评价项中，只有不明显的微小差异；两个奖学金制度得到了相同的理解和评价；在评价这两项制度的贡献度上，看到了明显的差异。评价富布赖特项目各项措施时，富布赖特项目受援者和JAFSA会员对"传播美国文化和价值观""在国际政治中获得美国的理解者""获得先进技术和有用人才"等选项给予了肯定评价，70%~90%的人给予了高评价。但是，在评价日本文部省国费留学生制度时，只有30%~60%的人给予了肯定评价。由此看出，两者的差距明显。在"贡献很大"的问题中，日本文部省国费留学生制度更是比富布赖特项目评价低。和比肩富布赖特项目奖学金资助充足无关，对日本国费留学生制度评价较低的理由是，本来这个制度的目的和理念并不明确，没有与推进相互交流和人才育成联系在一起。

---

① 李冰."引进来""走出去"：中国政府奖学金与对外传播［J］.对外传播，2017（5）：37-38.
② 外务省.国费外国人留学生とその待遇［DB/OL］［2019-07-05］.https://www.studyjapan.go.jp/jp/toj/toj0302j-10.html.

二、亚伯拉罕·林肯留学委员会计划

1. 设立亚伯拉罕·林肯留学委员会计划的经过

受益于富布赖特项目,许多学生、学者、记者等到美国留学,或是从美国再到签订协议的国家留学。多年来,这一项目的运营在各国培育了知美人士,在美国国内培养了各国专家。美国高等教育的国际化程度在世界上遥遥领先,接收占世界留学生总数20%的学生。《美国新闻与世界报道》（U.S. News & World Report）一直是最有影响力的对美国大学进行排名的媒体。在全球化的大背景下,《美国新闻与世界报道》首次推出了全球大学排行榜（2015）,在全球前100名大学的名单中,美国大学有53所入选,占据了半壁江山；在前20名的大学中有17所美国大学入选。[①] 由此可见,美国高校的研究水准和教育水准很高,成为优秀人才留学目的国的首选。一方面,为了招收留学生,竞争优秀人才,美国大学建设了完备的国际化体制；另一方面,美国人的外语能力和欧洲各发达国家相比并不高,且对其他国家的兴趣比较低。2001年发生的恐怖事件也对美国的留学政策有所影响。

亚伯拉罕·林肯留学委员会计划出台的背景是9·11事件。这个颠覆美国安全保障体系的恐怖事件不只影响政府行政人员,也给教育工作者带来很大的冲击。面对恐怖袭击及紧接着开始的伊拉克战争,美国教育协会（American Council on Education）等与教育相关的部门指出,美国在高等教育国际化方面所需的国策层面的援助体制不健全,在具有国际竞争力的人才培养方面,政府对应的欠缺和拖延使国家笼罩在危机之下,应该尽早认识到美国学生的国际化程度落后。曾提出强化美国国内外语教育法案（1985）的参议员保罗·塞蒙在全球化时代,为保障美国国家安全,提出了培养担负外交重任的年轻人援助计划,设置亚伯拉罕·林肯留学委员会计划。亚伯拉罕·林肯留学委员会计划在2003年由联邦议会通过,2004年1月通过了年度预算草案,2004年10月正式启动亚伯拉罕·林肯留学委员会计划。

---

① https://baike.baidu.com/item/usnews 世界大学排名 /15979499?fr=aladdin.

2. 亚伯拉罕·林肯留学委员会计划的目标和提案

亚伯拉罕·林肯留学委员会计划于2005年11月发布名为《全球竞争力和国家需求：一百万美国人出国留学》(Global Competence & National Needs, One Million Americans Studying Abroad)的报告。报告指出，在国际舞台上，未知事件有可能损害国家利益。欧洲、亚洲、非洲、南美洲、东欧、中东等，无论哪个地区，外交、对外关系、国家安全、贸易、金融及其他领域都会因未知事件给国家带来损害。报告在以下5个领域分析了现状。

（1）全球化与经济竞争。
（2）国家安全。
（3）美国的领导力。
（4）留学的教育价值。
（5）积极参与国际化社区。

在此基础上，美国提出每年派遣100万人留学。[①] 亚伯拉罕·林肯留学委员会计划的这个数字是基于每年在美国取得学士学位人数的约50%测算的。如果留学生人数维持每年增长9.7%，到2017年可达到74万人。如果随着奖学金、项目的推进，有可能实现100万人的目标，即"百万人留学"。

第三节 欧洲的留学生政策

本节主要关注欧洲的留学生政策。欧洲的英国、德国、法国，在留学生数量上次于美国。本研究并不停留在这三个国家的留学生政策上，而是聚焦欧洲的留学政策。欧洲古老学校的创立可追溯到十一二世纪，大学的历史可以说从有欧洲时就开始了。不过，纵观现在世界规模的大学，无论是在教育质量方面，还是在市场化程度等方面，美国都具有压倒性优势。

---

① Commission on the Abraham Lincoln Study Abroad Fellowship Program. Global competence and national needs: one million Americans studying abroad, 2005［DB/OL］［2019-07-05］. https://www.aplu.org/library/global-competence-and-national-needs-one-million-americans-studying-abroad/file.

具有古老传统和制度的欧洲大学为了在教育、科研、招生上具有国际竞争力，也在谋求改革。这些改革早在欧盟成立之前就开始了。以下将明确欧盟成立前后欧洲高等教育改革及留学生政策的目的，为我国未来的留学生政策提供启示。

一、伊拉斯谟计划的概要

欧洲高等教育国际化的动向始于欧盟前身，即欧洲共同体时代。1985年12月，由当时的欧洲委员会（European Commission）向阁僚会议提出了伊拉斯谟计划。经过阁僚理事会的商议，1987年6月决定实施该计划。伊拉斯谟（Erasmus）原是中世纪著名的人文主义者、神学家。这个计划的正式名称是European Community Action Scheme for the Mobility of University Students（欧洲共同体大学生流动行动计划），取每个单词的首字母命名为ERASMUS。伊拉斯谟计划旨在提升欧洲境内的国际竞争力，促进人员交流，基础是确保学位等的国际通用性。为此，制定了以下5个目标。

（1）欧洲共同体确保人才培养一体化。
（2）提升欧洲共同体在世界市场的竞争力。
（3）强化加盟国大学间的合作关系。
（4）培养欧洲共同体市民意识。
（5）向完成学业者提供参与区域内协作事业的经验。

伴随伊拉斯谟计划的实施，欧洲共同体于1989年导入了欧洲大学间学分互换制度（European credit transfer system，ECTS）。互换学分制度要求各大学提供明确的讲义内容、评价方法等相关信息，并着手展开取得学分、互换学分的标准化工作。1992年，《欧洲联盟条约》签订后，伊拉斯谟计划成为苏格拉底计划这个一揽子教育政策的一部分，从此伊拉斯谟计划开始实施。

二、伊拉斯谟计划的发展阶段

1. 第一阶段

在实施过程中，伊拉斯谟计划大致可以分为四个发展阶段。第一阶段是降落伞项目阶段，1987—1995年间项目开始并取得明显进展。在欧盟启动的背景下，各高校教师发挥网络优势，学生交流项目在参加高校的各院系中展开，学生交流很是活跃。在此期间中，《欧洲联盟条约》签订。到1995年，欧盟从启动时的12个加盟国，到又有3个国家加盟，伊拉斯谟计划的交流地区在不断扩大。

2. 苏格拉底计划和第二阶段

第二阶段中，《欧洲联盟条约》缔结后，伊拉斯谟计划在1995—1999年作为苏格拉底计划的一部分实施。伊拉斯谟计划提出三项使命，即"通过不干涉内政的学生交流、教师交流，转化外部压力""地区内的国际化""欧洲高等教育的国际化"，不只是支持学生交流，还要开发国际课程、促进教师交流、拓展业务多样化，以推动欧洲高等教育的国际化。[①]在苏格拉底计划中，学生、教师交流及课程的共同开发一直以来由院系负责，现在转移至由各个大学、高等教育机关主导，这种把责任主体从院系移至大学的做法从行政层面上改善援助体系，以期各个大学用持续性政策推进欧洲的学术交流和高等教育合作。

1997年，欧洲理事会和UNESCO（联合国教育、科学及文化组织）希望欧洲境内的高等教育能够实现相互认证，发布了旨在全欧洲统一高等教育制度框架、保证教育质量的《里斯本宣言》。1998年，为了提升欧洲市民的移动性和就业的可能性、促进全欧洲发展，又发表了《索邦宣言》，以把欧洲作为一个教育圈来发展。1999年，《博洛尼亚宣言》发表，同意把一系列的宣言具体化。

3.《博洛尼亚宣言》和第三、第四阶段

欧洲29个国家，31个高等教育行政区的官员签署了《博洛尼亚宣言》。此宣言引起了国际社会的关注。《博洛尼亚宣言》使欧洲各国超越辅助性原则，改变一直以来维持的独立性、教育体系，以建立"欧洲高等教育圈"（European higher education area）。

---

① European Commission. ET-ERASMUS: European Community action scheme for the mobility of university students (ERASMUS), 1987–1995［DB/OL］［2019-07-05］. https://cordis.europa.eu/programme/rcn/150/en.

发生这一变化的最大原因是，欧洲已对欧洲高等教育在国际竞争力方面面临的危机达成了共识。这种危机感不只停留在随着欧洲统合建立的劳务市场，而且由于美国在吸收亚洲、拉丁美洲等地留学生方面具有优势，所以欧洲需要建立分校，通过互联网实施教育，实现跨国教育（transnational education）来应对欧洲内外的挑战。

接受《博洛尼亚宣言》后，各国进行教育改革的2000—2006年为第三阶段。根据《博洛尼亚宣言》，为了推进阶段性改革，欧洲开始了博洛尼亚进程。欧洲学分互换制度（ECTS）作为欧洲一体化的正式学分制度发展起来。为了进一步落实学分互换，签约国鼓励本国的高等教育机构为学生颁发《文凭说明书》。它是欧盟、欧洲理事会与联合国教科文组织共同设计的旨在具体描述文凭内容的解释性文件。值得一提的是，会对博洛尼亚进程的进展定期进行评价。2001年在布拉格召开了部长级会议（布拉格峰会），是第一次双年度评价会议，通过了到下次（第二次）会议间的指南《布拉格公告》。2003年柏林峰会后发表了《柏林公告》。2005年柏根峰会上，商讨了博洛尼亚进程结束后未来的方向，并达成了一致意见。在这种定期评价会议上，不断为博洛尼亚进程追加必要的内容，强化推进改革体制。

第四阶段为2007—2013年，主要规划博洛尼亚进程之后的发展问题。作为苏格拉底计划一部分的伊拉斯谟计划是历时7年的生涯教育项目中的一项。每年支持16万学生和2.6万名教师留学、进修的该计划在生涯教育的框架中和其他项目合作。伊拉斯谟计划不只是促进了高等教育交流，同时也在促进企业协作、学生就业等，而且在欧洲境内人员流动方面给予了实质性援助。

第四节 海外留学生政策的特征

对海外留学生政策的关注与研究旨在探讨和反思我国留学生政策的得失。与日本、美国、欧洲的政策比较，就会浮现出我国现行留学生政策的问题点。在全球化时代，需要深思我国应采取怎样的留学生政策。

一、美国留学生政策的特征

前面讨论了美国留学生政策的富布赖特项目和亚伯拉罕·林肯留学委员会计划，可以看到两政策有相同的目的和特征。

第一，富布赖特项目、亚伯拉罕·林肯留学委员会计划都是适逢国家有重大政策调整时提出的，美国留学生政策与国家安全保障密切相关是特征之一。在第二次世界大战中，富布赖特项目的构想就已成形，亚伯拉罕·林肯留学委员会计划以9·11事件为契机推进留学政策。这两项政策在国家安全层面指向明确。

第二，两项政策重视人员的相互交流和向海外派遣本国留学生。富布赖特项目是美国和其他国家或地区间的双向交换留学制度，亚伯拉罕·林肯留学委员会计划是让美国学生到海外留学的制度。为了实现国家安全，培养在全球化时代能够应对各种问题的人才，不仅要招收留学生，促进相互交流，还要大规模地派遣本国学生到海外留学。

二、欧洲留学生政策的特征

前面阐述了伊拉斯谟计划、博洛尼亚进程的目的和发展过程。欧洲的这些高等教育政策是一揽子计划，明确定位留学生政策比较困难。不过，它包括学生在欧洲国家间的流动，欧洲境内大学彼此合作，促进学生、科研人员、大学教职员的交流等内容，与日本、美国留学生政策有相似之处，可供参考的地方很多。

欧洲高等教育的相关政策，从伊拉斯谟计划开始经历了名目繁多的项目。时至今日，它的第一特征是，在较短的时间、区间内设置评价项目进展状况的机制，利于修正和追加政策，以弥补现有政策的缺陷和不足。伴随着政治体制的变化，政策框架亦有所变更。伊拉斯谟计划基本上可以说是欧洲共同体时代以来诸政策的支柱。而且，促进改革的必要事项在《博洛尼亚宣言》和后来的公告中指示明确，追加了必要的方略，相关的一系列工作不断推进，使政策富有实效且具有可持续性。

它的第二个特征是，在保证高等教育质量方面，欧洲的留学生政策既促进了学生在欧洲境内的流动性，同时也把优秀人才从欧洲境外吸引来,并且保留在了欧洲境内。欧洲学分互换制度(ECTS)、文凭认证制度的导入是对教育体系的根本性改革。原来各国各自的教育系统和制度阻碍了学生、研究人员、教师、大学职员的交流和流动,伊拉斯谟计划为实现当初制定的"欧洲共同体确保人才培养一体化""提升欧洲共同体在世界市场的竞争力""强化加盟国大学间的合作关系""培养欧洲共同体市民意识""向完成学业者提供参与区域内协作事业的经验"等目标做出了重要贡献。

三、日本留学生政策的特征

在全球化时代,日本需要应对各种问题,诸如探讨大学如何加快国际化进程,反思高校在社会中的作用,这些都是亟待解决的问题。日本大学的国际化战略包含以下4个特点。

(1)制定接纳留学生的具体目标。日本政府制定了到2020年招收30万留学生的目标,虽然有学者认为目标数值如果是基于乐观的测算,则实现目标的可能性存疑。

(2)大学国际化政策以五年为期优先支持重点大学。留学生政策资助特定的13所大学,把它们作为日本大学实现国际竞争力构想的龙头高校。

(3)援助特定大学,提升日本大学的国际竞争力,进行课程改革,增加课程数量。

(4)政策注重留学生的接收。从预算分配可以看出,日本的留学生政策更加侧重吸引海外留学生到日本留学。

第五节 对我国留学生政策的启示

各国、各地区的留学生政策经过论证、实施和调整,其成效已经基本显现。我国的留学生管理政策依然处于不断完善和调整阶段,研究发达国家,特别是美国的留学生管理办法对我国改善留学生工作的不足具有积极意义。以美国富布赖特项目为例,笔者认为可以提炼出以下几点启示。

一、政府资助项目应向中国问题研究者有所侧重

美国出于国家安全战略的需要实施了富布赖特项目和亚伯拉罕·林肯留学委员会计划,且为达成目标制定了具体方略。富布赖特项目只资助研究美国及美国问题的学者和学生,以实现了解美国、理解美国以至认同美国的目的。我国在制定留学生相关政策时,应积极赞助对中国政策及中国问题有学术兴趣或学术成就的人员,促进在此方向上的研究成果。这样,一方面有利于国际社会了解中国,传播中国文化;另一方面有利于从多个视角反思中国问题研究及国际影响。将留学、访学资助政策的目标聚焦于研究中国问题,以期让世界了解中国,让中国从多纬度倾听国际社会对华的声音。

二、可持续执行的长期政策

富布赖特项目到今天已经实施了70多年。长期稳定执行的政策有助于积累经验,减少新旧政策交替的空档期、磨合期带来的工作停滞、无序。今后,全球化进程进一步深化,国际局势风云变幻,留学生政策不应只关注高校的国际化,需要一并考虑中国社会的国际化进程,长远展望,适时微调,以实现人才培养、国际战略的连续性。

三、改革现有奖学金的选拔办法

与富布赖特项目相比,中国政府奖学金也可谓奖学金资助充足,但是富布赖特项目更加强化的理念是推进相互交流和人才育成。中国政府奖学金以多种项目形式资助从本科生到高级进修生在内的五类学生及研究人员。仅从高级进修生的申请资格来看,要求申请人具备硕士以上学位或副教授以上职称。① 从申请者资格来看,申请人应该是已在某一专业领域中耕耘多年并有一定影响力的学者。但是,中国政府奖学金不像富布赖特项目,没有面试环节,不评价申请人的人脉资源,只凭提交的申请资料来选拔被资助人。因此,政府留学生奖学金制度淡化了与相互交流相关的要

---

① 中华人民共和国教育部. 中国政府奖学金申请办法[DB/OL][2019-07-05]. http://www.moe.gov.cn/s78/A20/gjs_left/moe_850/tnull_1204.html.

素。即使有选拔，只是单纯强调成绩优秀，给予经济资助，所以应改革现有的受助人员的选拔办法。

四、提升中国学人的国际化程度

国际化包括接纳留学生来华学习和派遣中国学人出国深造。因此，为实现基于相互理解的国际学术交流需要提高中国研究人员及学者的国际化程度。通过接纳外国留学生，培养亲华知华人士；通过派遣中国学人到海外学习研究，使中国拥有通晓各国国情及国民性的专家，以减少对国际事务的误判。美国在第二次世界大战、冷战及伊拉克战争等重要问题的决策过程中，强烈认识到在各国存在亲美知美专家的必要性。提高中国学人的国际化水平，对中国进一步融入国际社会，在众多领域培养具备国际视野、掌握先进技术的人才具有战略意义。

五、对政府文化教育资助项目展开研究

本研究在整理文献资料的阶段发现，无论是对富布赖特项目这种影响巨大、卓有成效的文化教育交流政策，还是对我国各级政府诸多资助留学生政策的实施、评估，相关的研究都寥寥无几。这既有研究方法的问题，也存在研究意识的问题。我国政府在教育交流资助项目上的资金投入巨大，学习借鉴国外成功的文化教育交流战略，可以反思和完善我国高等教育及文化外交中的得与失；对各相关留学政策受助学生及学者的反馈调查，有助于及时调整政策、合理有效地使用资金。翔实的数据及建立于严谨科学方法上的研究成果将为政策制定和评估提供切实可靠的依据。

文化教育交流涉及全球化、国家安全、政治经济、环境、领土等诸多重要问题，作为解决这些问题的手段之一，留学、访学政策必须有利于推进中国文化外交战略，为提升我国高等教育的软实力发挥积极作用。

第四章
留学生跨文化适应性研究的现状

第一节 作为国家战略的中国留学政策的变化

留学政策是国家培养高水平人才的重要保障,特别是1978年实行改革开放的国策以来,我国在大量向海外派遣留学生的同时,来华外国留学生的人数也在不断增加。截止到2016年12月31日,在华留学生达到44.27万人,比2000年的5.21万人增加了近十倍。[①]这反映了我国政府接收外国留学生来华学习的积极态度。

一、在华留学生的基本概况

查阅2016年在华留学生的统计数据可以看到,来自亚洲的学生人数最多,达到8.1万人;受到中国政府资助的留学生达到3.28万人,在经费来源中继自费生的8.52万人排在第二位;在我国攻读本科学位的留学生最多,达到1.23万人,其中本科课程与硕士研究生课程招生人数相同。具体情况如表4-1所示。

---

① 《中国教育年鉴》编辑部. 中国教育年鉴:2016[M]. 北京:人民教育出版社,2017:45.

表4-1 外国留学生的基本情况[①]

		毕(结)业生数/人	授予学位数/个	招生总计/人
总 计		109 894	20 876	138 362
女 生		52 413	8 566	64 789
按层次分	博士研究生	1 453	—	4891
	硕士研究生	7 910	1 152	12 348
	本科	16 520	6 863	12 348
	专科	603	12 861	2 176
	培训	83 408	—	87 074
按大洲分	亚洲	63 155	14 101	81 021
	非洲	11 699	3 586	18 471
	欧洲	22 226	1 953	25 528
	北美洲	9 259	737	9 660
	南美洲	9 259	315	1 919
	大洋洲	1 798	184	1 763
按经费来源分	国际组织资助	405	30	657
	中国政府资助	21 437	6 983	32 806
	本国政府资助	1 326	296	856
	学校间交换	15 313	373	18 884
	自费	71 413	13 194	85 159

注：根据《中国教育年鉴（2016）》中的数据整理绘制。

在来华留学生中，1999年前日本留学生的数量一直居于首位，自2000年被韩国留学生超过后，韩国留学生人数一直稳居第一位。综上所述，并结合2017年教育部网站公布的相关宏观数据，可见来华留学生具有以下几个特征。[②]

（1）我国成为亚洲最大的留学目的国。

党的十八大以来，来华留学生规模持续增长，2017年达到了48.92万人，我国已成为亚洲最大的留学目的国。这与国家的综合国力和经济实力的增长相匹配。同时，来华攻读学位课程的人数也在稳定增长，达到24.15万人，占总数的49.38%，同比增幅为15.04%。

---

① 《中国教育年鉴》编辑部. 中国教育年鉴：2016［M］. 北京：人民教育出版社，2017：45.
② 中华人民共和国教育部. 规模持续扩大 生源结构不断优化 吸引力不断增强：来华留学工作向高层次高质量发展［EB/OL］（2018-03-30）［2018-04-10］. http://www.moe.gov.cn/jyb_xwfb/gzdt_gzdt/s5987/201803/t20180329_331772.html.

（2）"一带一路"沿线国家的生源增长较快。

2016年在华留学生生源国家和地区的总数为205个，达到历史最高水平。2017年，各类外国留学人员在全国31个省、自治区、直辖市的935所高等院校学习，其中硕士和博士研究生共计约7.58万人，比2016年增加了18.62%。留学生生源人数位居前十的国家稳中有变，依次为韩国、泰国、巴基斯坦、美国、印度、俄罗斯、日本、印度尼西亚、哈萨克斯坦和老挝。近年来，"一带一路"沿线国家的来华留学生达31.72万人，占总人数的64.85%，增幅达11.58%，高于各国平均增速。

（3）打破以汉语学习为主的格局，学科分布更加合理。

2016年来华学习汉语的人数占总人数的38.2%，比2012年的53.5%下降了15.3%。更多的留学生来华学习汉语以外的专业，就读其他学科的学生规模和比例增长明显。相比2012年，攻读教育学、理科、工科和农学的学生数量增长较快，增幅均超过100%[①]；经济学、西医、文学、法学、管理学等的学生数量的增幅超过50%；占比增长最快的学科为工科，比2012年增长了5.2%。汉语专业从2012年的第二位下降至2016年的第五位。

（4）中国政府奖学金的作用持续显现。

近年来，我国不断加大中国政府奖学金的投入。一是扩大规模。2016年，共有来自183个国家的4.9万人通过享受中国政府奖学金在华学习，占在华留学生总数的11%。二是服务国家战略。奖学金向周边国家和"一带一路"沿线国家倾斜，成为国家战略人才和人才储备的重要渠道。

二、我国接纳留学生政策的变化

认识到因"文化大革命"中断留学生招生的弊端，我国在1973年再次启动留学生的招生工作，到改革开放政策开始实行的1978年共有2 498名留学生来华学习。1979年1月在教育部召开的外国留学生工作会议上，教育部相关领导指出："吸引外国留学生不仅是为和我们友好的国家培养人才，而且也为了增进中国人民和世界各国人民间的理解和友好。"[②]

---

① 何东昌.开创外国留学生工作的新局面：何东昌同志在外国留学生工作会议上的报告[M]//何东昌.中华人民共和国重要教育文献：1976—1990.海口：海南出版社，1998：2237.

② 何东昌.开创外国留学生工作的新局面：何东昌同志在外国留学生工作会议上的报告[M]//何东昌.中华人民共和国重要教育文献：1976—1990.海口：海南出版社，1998：2237.

1980年,《中华人民共和国教育部关于外国留学人员进入中国高等教育机关学习的相关规定》对外国留学生的类型、入学条件、招生办法、学籍管理办法、资格证书等进行了明确规定。时任教育部部长的何东昌围绕招生问题发表讲话,其中谈到了美国吸引30多万留学生,罗马尼亚也有8万人,埃及大约有15 000人,而我国只有2 593人,这与我国的"国际地位和声望不符"。①

1985年5月,教育部公布了《中华人民共和国教育部关于调整对外国留学生发放奖学金和自费生收费标准的规定》,其中涉及向不同专业、不同地区的留学生发放奖学金和补助的标准。奖学金和补助总额相当于每人每年6 000元。同时也规定,来中国留学的自费留学生在校期间需要缴纳以美元计算的学费。②例如,自费留学生中,文科生本科每人每年缴纳1 200美元,硕士研究生1 600美元,博士研究生2 500美元;理工农医类学生本科1 600美元,硕士研究生2 500元,博士研究生4 000美元。

1985年10月,国家教委公布了《外国留学生来华学习的有关规定》,规定了留学生的类别分为本科生、硕士研究生、博士研究生、普通进修生、高级进修生五类。来华前未学过汉语或汉语水平达不到专业学习要求者,来到中国后,需要学习1~2年基础汉语,待汉语水平达到一定程度后进入相关专业学习。

外国留学生的招生工作并不是一帆风顺的。面对社会环境、国际形势的变幻,我国留学生政策也在不断调整。1989年,为了促进发展中国家人才培养工作,开始面向巴基斯坦的博士研究生进行英文授课。作为招收留学生的方针,为了扩大研究生和同等水平的学生的招生规模,高校纷纷设置了外语(主要是英文)授课的专业。1990年,为了向非洲各国宣讲留学政策,国家教委代表团访问了非洲各国,聘任了贝宁、喀麦隆等8国官员负责留学生派遣业务,以促进对留学中国的诸多问题的深入理解。清华大学、北京大学、东南大学、浙江农业大学、无锡轻工业学院等高校为留学

---

① 何东昌.开创外国留学生工作的新局面:何东昌同志在外国留学生工作会议上的报告[M]//何东昌.中华人民共和国重要教育文献:1976—1990.海口:海南出版社,1998:2237.
② 陈强.改革开放30年来华留学生教育的回顾与前瞻[C]//中国高等教育学会外国留学生教育管理分会2009年学术研讨大会论文集.长春:中国高等教育学会,2009:1-12.

生专设学科，招收了252名旨在获得学位的留学生。①

近年来，中国已由留学生的输出国变成了留学生的接收国。各高校有了留学生招生选拔的自主权，学术之外的管理工作走社会化服务的路径，并积极推进留学生管理的法制化。从1994年只有政府奖学金一种，到"优秀生奖学金""外国汉语教师短期研修奖学金""HSK优胜者奖学金""中华文化研究奖学金""中华文化研究奖学金""发展中国家智力援助奖学金""特别奖学金""外国青年汉语教师奖学金"等多种奖学金纷纷设置，各种奖学金额度也在不断增多。除此之外，国家开发银行、华为、中国石油天然气集团公司、路桥公司等也为外国留学生设置了企业奖学金。

为进一步强化吸引留学生来华政策，随着入境手续的简化，2001年1月31日我国公布了《高等教育机关外国留学生招生规定》，并且在海外召开了中国留学说明会，以及其他推广活动。②

第二节 研究的理论背景

2000年以后，欧洲成为跨文化传播研究的学术高地。在这之前的20世纪八九十年代，跨文化传播学主要集中于对文化冲突的研究。

一、文化冲突与文化适应

如果列举跨文化传播研究的关键词，那么"文化冲突"及"文化适应"一定会被提及。对文化冲突和文化适应的研究已经有半个多世纪，它们在跨文化传播研究中一直居于重要的地位。而且，随着这些理念在文化多元社会中的普及，这一研究领域的重要性越来越得到验证。

文化冲突和文化适应的相关研究始于美国，其中美国学者奥伯格（Kalvero Oberg）在这一领域的研究广为人知。在亚洲地区，日本于20世纪70年代开始着手研究。20世纪70年代，到海外的日本人逐渐增加，出现了"归国子女"（那些小时候因父母的工作关系到海外学习、生活，后

---

① 《中国教育年鉴》编辑部.中国教育年鉴：1991［M］.北京：人民教育出版社，1992：385.
② 《中国教育年鉴》编辑部.中国教育年鉴：2001［M］.北京：人民教育出版社，2002：283.

来又回到日本的孩子）等社会问题。日本的文化人类学家和社会学家才开始从学术视角讨论跨文化交往引发的诸多问题。我国对这一领域的研究就更加滞后。改革开放的社会背景促进了人员的往来流动，学界大致在20世纪90年代的后半期才开始对此类问题予以关注。

首先对"文化冲突"的定义进行一下梳理，大致涉及以下5个角度：① 因表象解释有别于自己的既存经验，从而引起"文化冲突"的定义；② 重点置于心理、情感波动及伴随而来的身体反应的定义；③ 把"文化冲突"视为负面的定义；④ 反对把"文化冲突"视为负面的定义；⑤ 把"文化冲突"作为一系列变化过程及长期现象的定义。

（1）因表象解释有别于自己的既存经验，从而引起"文化冲突"的代表性定义者是奥伯格。他认为"文化冲突"指由于失去了自己熟悉的社会交往信号或符号，对于对方的社会符号不熟悉而在心理上产生的深度焦虑症。[①]从自身的视角来看，人们是不可能获得完全自由的，因此会先在自己的视角中解释新环境中遇到的信号或符号。这样，这种解释有可能与在那片土地生长的人们的看法不同。本来每个人的解释也不可能完全相同，但是由于差异过大而积累挫折感。比如，难以读懂对方微妙的意图，甚至理解成别的意思。这样的事情多次发生就会引起所谓的"文化冲突"。

（2）重点置于心理、情感波动及伴随而来的身体反应的定义比较常见。比如，塔夫特（Taft）认为，文化冲突是个人依赖以前的学习所得，感到被新的文化和文化中的成员拒绝或是拒绝新的文化。[②]这种定义方式很多情况下是把文化冲突视为消极事物，把文化冲突作为某种感情障碍的状态，表现出紧张、挫折感、被剥夺感、劣等感、混乱、吃惊、不快、不安、愤慨、厌恶之情。

（3）关于把"文化冲突"视为负面的定义，本尼特（Bennett）就将文化冲突的定义的外延扩大，提出了"变迁冲突"（transition shock）。变迁冲突是人类有机体对新变化的环境不能有效适应的状态。初期的学者都是从消极的意义来看待文化冲突，故研究的出发点是如何将这一阶段缩减到最短。

---

① 关世杰. 国际传播学［M］. 北京：北京大学出版社，2004：126.

② TAFT R. The role and personality of the mediator［M］//BOCHNER S. The mediating person: bridges between culture. Boston: G. K. Hall, 1981: 45.

（4）有学者反对把"文化冲突"视为负面因素，认为文化冲突不见得一定是消极事物。阿德勒（Adler）提出了不同于一般看法的见解。他把文化冲突置于更宽广的背景中，文化冲突被当作一种深刻的学习体验，它会使个体提高自我意识、获得个人成长。这样，文化冲突就不再被当作一种需要治疗的疾病，不再是消极的，而是一种积极的因素，它可以提高人们的文化意识、自我意识，是人们在新文化环境中自我成长的核心。

（5）关于把"文化冲突"作为一系列变化过程及长期现象的定义，最有名的就是奥伯格把文化冲突的变化过程分为4个阶段加以区别，即蜜月阶段（honeymoon stage）、沮丧阶段（rejection stage）、调整阶段（beginning of adjustment stage）和适应阶段（adjustment stage）。

以上对5种类型进行了说明，但是需要加以注意的是，这5种类型并不是单纯的并列关系。强调有别于既存经验的定义在研究初期很常见，对失去非常熟识的事物这部分内容基本上没有探讨；强调心理及身体变化的定义接受了前者的内容，深入分析了心理、感情及伴随而来的身体反应；相对这些反应来说，关于"文化冲突"是消极或是积极的定义，让评价变得更加清晰；心理及身体变化会持续一段时间的可能性正是符合变化过程及长期现象的一系列定义。

二、对文化冲突定义的探讨

1. 文化冲突与自我成长

随着文化冲突理论研究的深入，人们开始意识到文化冲突过程中的积极因素，并把文化冲突与自我成长结合在一起进行思考。但是，这种观点也明显存在问题。阿德勒为人们提供了把文化冲突放到文化学习、自我成长过程中考察的积极视角，站在通过学习新的文化促进自我成长的进化论观点上定义了文化冲突。他指出："文化冲突是文化学习、自我成长、人格健全中的一个重要组成部分……因文化冲突引发的问题、障碍……等变化是比人格成长还有高度的源泉。"[1]

人们的新经验就是所说的"成长"。在打开自我的状态下，接触迄今

---

[1] ADLER P S. The transitional experience: an alternative view of culture shock [J]. Journal of humanistic psychology, 1975 (15): 13–23.

为止没有体验过的事物、信息（小说、绘画和他人的对话等），人在不断发生变化。例如，受教育可使人发生改变，通过接触教师、书本、朋友获得新信息以使自己发生改变。这并不意味着丧失掉自我，而是建构了新的地平线。也就是说，因文化冲突引发了自我改变，这也不见得就一定是成长，成长只是一种视角。

2. 冲突的术语妥当性

许多学者都把文化冲突作为一系列变化的过程及长期现象加以定义。例如，奥伯格认为文化冲突不只是最初接触新的文化环境时的心理反应，它是一个比起时间前后更有包容性的概念，在论述U形曲线时提出了与之相关的新见解。

积累性和持续性是文化冲突的特征之一。日本学者井上正孝指出："冲突这个词，不仅使人联想到遇到某件事后突然受到刺激，更多的是违和感不断积累直到陷入不适应的状态。这些微小的误解、不和谐不断积累，难以理解的行为不断持续，使人不能按照自身所想行事。焦虑、不安在累计，无可奈何的无力感在加剧。文化冲突中的大部分是这种'潜在的、慢性的恐慌状态'在持续发酵。"[①]

从上述论述可见，"冲突"这个词包含有一瞬间的冲击，且伴有苦痛之意。但是，井上正孝阐述的焦虑、不安、无力感、思乡情绪等在新环境中产生的负面情绪，在文化冲突这个概念中并不见得是短期的现象，并且有些人有强烈的痛苦经历，有些人并没有。

三、文化冲突模式

1. U形曲线

1954年，美国文化人类学家卡尔沃罗·奥伯格（Kalvero Oberg）提出文化冲突（cultural shock）理论。他把文化冲突界定为，由于人们不了解新环境中的社会交往信号或符号，需要去面对许多新的感性刺激，从而会在心理上产生的深度焦虑状态。这主要是针对跨文化的直接的人际交流问题而言。

---

① 井上正孝. カルチャー·ショックをやわらげる：クロス·カルチユアル·コニュニケーショントレーニングの実際［J］. 社員教育，1979，12（242）：32-36.

文化冲突大体上经历4个阶段：蜜月阶段、沮丧（或敌意）阶段、调整阶段和适应阶段。文化冲突的变化过程一般呈U形曲线[①]。

（1）蜜月阶段。蜜月阶段指人们心理上的兴奋和乐观阶段。这个阶段一般持续几个星期到半年的时间。人们常对到异国旅行、逗留充满美好的憧憬。来到跨文化环境中，对所见所闻都感到新鲜，对看到的人民、景色、食物一切都感到满意，处于乐观的、兴奋的"蜜月"阶段。虽然有的人在整个短期的旅行中都可能停留在这个阶段，不会有文化冲突，但是很多人在进入新的文化环境一段时间后，就会进入沮丧阶段。

（2）沮丧阶段。沮丧阶段指乐观的感觉被失望、失落、烦恼和焦虑所代替的阶段。这个阶段一般持续几个星期到数月的时间。在这个阶段，处在跨文化中的外乡人由于文化的不同，人地两生，孤独少援，遇到了多种迷惑和挫折，原来认为是规范的良好的生活方式在跨文化环境中频频碰壁，被本地人嘲弄、伤害，在自己个人生活和工作中出现了各种麻烦。人们在对付心理上的沮丧、失落感时，有两种表现。一种是敌意。在沮丧期，一些人常常看不起本地人，嘲笑所在的地区或国家。有的人可能回避与当地人的接触。他们喜欢在自己的"老乡"中消磨时间，甚至借酒消愁。在严重的情况下，有的人会由于心理压力太大而返回自己的家乡。

（3）调整阶段。调整阶段指在经历了一段时间的沮丧和迷惑之后，外乡人逐渐找到了对付新的文化环境的办法，解开了一些疑团，心理上的混乱、沮丧、孤独感、失落感逐渐减少。

（4）适应阶段。在这一阶段，外乡人的沮丧、烦恼和焦虑消失了。他们基本上适应了新的文化环境，适应了当地的风俗习惯，能与当地人和平相处。

"文化冲突"不是由潜在的病理原因造成的，而是缺乏必要的文化知识和相应的技能造成的。因而，每个人经历文化冲突的程度不同。

2. 对U形曲线的评述

跨文化适应研究以最早的U形曲线模式最具代表性，即从开始的新鲜

[①] LYSGAARD S. Adjustment in a foreign society: Norwegian Fulbright grantees visiting the United States [J]. International social science bulletin, 1955 (7): 45–51.

感到情绪的低落，再到情绪的回升。U形曲线把跨文化适应研究的关注点引向对适应过程的单向线性研究。随后，阿德勒再次用低层次向高层次发展的转化特征来描述跨文化适应的阶段性。他提出，跨文化适应的阶段有接触期、失衡期、重整期、自主期和独立期。这些研究默认跨文化适应主体是旅游者，适应的是社会文化大环境。[①]

四、跨文化适应方式

经由文化之间的交往互动而产生的文化适应（cultural acculturation），在不同层面有不同的含义。

第一，个体和小规模群体层面的适用过程。这一层面的文化适应与个体的日常表现相关联，涉及心理乃至生理方面的各种变化，可分为两种情形：一是短期适应（short-term adaptation），主要针对个体，是短期旅居者面对陌生文化环境时的适应过程；二是长期适应（long-term adaptation），主要针对小规模的移民和族群团体，是特定文化群体在新的文化环境中长期生活所经历的适应过程。

第二，不同族群和文化整体交往层面的"涵化"。这是某一族群或文化在接受外来影响后发生的饮食、服饰和语言等方面的适应性变化，特别是在文化深层结构乃至社会制度等方面的"涵化"——在汉语语境中，"适应"与"涵化"有程度和性质的细微差异，这一层面的文化适应通常被译为"文化涵化"，也被视为文化变迁的主要形式。

1880年，"acculturation"一词首次出现在英文文献中，约翰·鲍威尔（John Powell）用它来定义跨文化模仿（cross-cultural imitation）导致的心理变化。1918年，由威廉·托马斯（William Thomas）等进行的"波兰农民在欧洲和美国"的研究，被认为是第一项针对文化适应的科学研究。1936年，罗伯特·雷德菲尔德、拉尔夫·林顿等在《文化适应研究备忘录》中明确了文化适应的定义：具有不同文化的群体之间发生持续的、直接的文化接触，继而导致一方或双方原有文化模式发生变化的

[①] 安然，魏先鹏.论微观环境下的跨文化适应：以跨文化课堂系列观察为例[J].国际新闻界，2012（6）：50–56.

现象。①

第二次世界大战之后，尤其是20世纪六七十年代的移民潮和留学潮的出现，推动了西方学者对跨文化适应性的研究，人类学、社会学、语言学和传播学都将之纳入研究视野。1990年，约翰·贝里根据自己对移民和土著民族的调查研究，从两个方面完善了对文化适应的理解：一是在文化层面或群体层面上的文化适应，也就是文化接触之后在社会结构、经济基础和政治组织等方面发生的变迁；二是指心理或个体层面的文化适应，也就是文化接触之后个体在行为方式、价值观念、态度及认同等方面发生的变化。②

近年来，文化适应的概念和结构、文化适应理论、文化适应的测量及文化适应与认同的关系等问题日益成为研究的焦点。③针对文化适应，不同领域的研究者提出了各自不同的文化适应理论和测量方法。人类学和社会学研究者主要关注群体水平的文化适应研究，关注社会结构、经济基础、政治组织及文化习俗的改变；心理学家则更注重个体层次，强调文化适应对各种心理过程的影响，以认同、价值观、态度和行为改变的研究为主。两种取向的文化适应研究涉及相同的研究主题，但关注的角度不同，研究方法和分析水平各异，使得理论构建、概念结构和测量变得异常复杂。在今后的文化适应性研究中，应该加强各个学科之间的沟通和交流，客观评估多种学科取向、方法、理论的合理之处，弄清它们发挥效用的边界与条件。

不同的文化模式决定着各自语境中的个体和群体的心理和行为模式，对文化适应的理论和测量工具还需要在不同文化背景下加以验证和完善，包括改变单一的测量研究方法，结合量化分析和质化研究，从多层次、多维度揭示文化适应的内容和特点。近年来，一些学者尝试从动态建构主义立场出发理解文化与心理的关系，采用认知启动实验（cognitive priming experiment）来研究文化适应，打破了长期以来把文化作为选择性自变量而不能操作的研究传统，为文化适应的实验研究提供了一种重

---

① SAM D, BERRY J. The Cambridge handbook of acculturation psychology [M]. Cambridge: Cambridge University Press, 2006: 11.
② BETTY J. Psychology of acculturation [M]. Lincoln: University of Nebraska Press, 1990: 201-234.
③ 杨宝琰，万明钢.文化适应：理论及测量与研究方法 [J]. 世界民族，2010（4）：1-9.

要的参照。①

为了有效避免和消除文化冲突产生的负面影响,一些学者着手研究跨文化适应的方式。其中,乔伊斯·奥斯兰(Joyce Osland)指出:提前了解即将进入的文化和从事的工作;为自己找一位文化导师;在进入新环境的第一周保持正常睡眠;避免接触可能对自己产生负面影响的人;在开展工作之前,安顿好自己的和家人的生活;选择邻里和谐、感觉舒适的地方居住;做好经历6~8个月的文化冲突的准备;为自己以前的喜好找到替代物或相近的活动;培养较强的适应性和灵活性,准备接受一定程度的边缘感;不要对当地人做负面评价,尽量理解人们各种行为的原因;把注意力放在积极的事物上,尽量忽视负面的东西;充分利用新环境所能提供的一切,尽快融入当地文化。

五、跨文化适应与传播能力

文化冲突与文化适应是生活中的常见现象,两者关联密切,都是不同文化相互作用的动态、持续的调整过程;经由这一过程,个体或文化群体能与其他文化逐步建立一种相对稳定的功能关系。② 这里的"冲突",指人们经历不熟悉的文化、生活方式或态度而产生的困惑和不适,表明了异文化造成的心理反应和冲突。这里的"适应",涉及不同文化及其成员学习其他文化的整体行为,以从中获取能力及重新定位,增加相互间的理解,拓展彼此的尊重,延伸相互接受的空间,在变动的环境中获得生活的能力和生存的空间。文化冲突与文化适应因时而异、因人而异,跨文化接触的方式、个体的适应能力及生活背景的差异等,都会影响二者的进程。

传播能力(communication competence)的话题和传播本身一样经久不衰。长期以来,西方跨文化传播的大量议题是围绕有效传播(effective communication)展开的。这里的有效传播,指来自不同文化的传播双方

---

① HONG Ying-yi, MARRIS M W, CHIU Chi-yue, et al. Multicultural minds [J]. American psychologist, 2000, 55 (7): 709–720.
② GUDYKUNST W B. Cross-cultural and intercultural communication [M]. Thousand Oaks, CA: Sage Publications, 2003: 244.

的意义得到相对完整理解的传播。由于传播中的"误读"不可避免，有效传播可被理解为"误读最小化"。在急剧变动的社会中，人们通过传播能力来监测、回应外部世界，实施符合传播能力所要求的恰当行为，实现有效传播的目标。尤其是在跨文化交往中，传播能力是最具建设性的要素，所有传播目标的实现都离不开传播能力的提高——传播能力能够帮助人们认识不同文化之间的天然差异并开展互动，也是削减不同层次的文化冲突的决定性因素。

技术是人类文化发展和社会变迁基本而关键的推动力。近一个多世纪以来，媒介与信息传播技术迅速发展，使跨文化传播在媒介选择、行为主体、传播模式、传播内容及影响力等方面都发生了空前的变动，多样化的技术和象征性环境为创造性活动提供了丰富的资源储备，使今天的世界面临着人类历史上最复杂的社会变迁力量。尤为突出的是，技术发展不仅影响了全球范围内信息流动的方向、数量和结构，乃至各个文化的影响力，也改变着每一个个体的信息接收环境，重塑着人们的生活方式和观念体系，培育和塑造着新的社会交往和社会关系。

第三节　对留学生跨文化适应性研究的评述

文化适应（acculturation）在汉语中也译作"涵化"。它最早出现在美国民族局的文献中，表达"来自外来文化者因对新文化中的行为模仿导致的心理变化"。美国著名跨文化心理学家约翰·贝利（John W. Berry）在建构文化适应理论时指出，"文化适应是伴随着不同文化间接触的文化的和心理的改变"。

在国外的社会心理学、跨文化传播等领域，对跨文化适应能力的研究已积累了一定的研究成果。特别在美国，这一问题主要围绕着少数族裔群体、移民群体及其他特殊群体展开。经典研究包括利兹格德（Lysgaard）提出的U形曲线假设、葛勒豪（Gullahorn）提出的W形曲线假设、弗穆罕姆（Furnham）和博赫纳（Bochner）的文化学习理论、沃德（Ward）提出的心理适应和社会文化适应理论等。总体来说，这类研究主要分为两类，一类是致力于跨文化适应的理论建构，即对理论体系的探讨和完善，以及对量表的发展和修订；另一类则注重揭示文化适应与心理过程、行为的关系，旨在完善个体身心健康。由于中西文化的差异，审视近期国外的经典研究，如美国学者的"*Feeling Blue*"*in Spanish*：*A Qualitative Inquiry of Depression among Mexican Immigrants*[1]、日本学者的《日本国费奖学金留学生的跨文化适应》[2]等，这些文献几乎都是针对在发达国家留学的发展中国家学生展开调查，探讨留学生的文化适应问题及回国后的诸多现象，视角是西方视角。应该指出，这些仅仅是留学生跨文化适应问题中的一部分而已。

在我国，近年来跨文化研究也吸引了众多学者的关注。其中，吕玉兰[3]、雷龙云和甘怡群[4]、陈慧等[5]对在华留学生所做的实证调查研究述评，呈现了外国留学生文化适应的现状和问题，可以认为代表了我国学者在这一领域的研究思路和方法。这些研究对把握动态、进行后续研究具有探索性意义，但是在样本选择（较为单一，被试多为欧美留学生）、本土特色（缺乏中国文化的文化适应性量表）、维度（单一，如外来文化群体与中国主流文化群体的关系）等方面存在缺陷。

近年来，包括手机等移动媒介在内的传播媒介的广泛应用是一个凸显的社会现象。针对这一现实，日本学者的实证研究数量较多。我国在这一领域，至今尚未看到相关的研究文献。也就是说，从传播学视角，媒介接触对在华留学生文化适应的影响及其对中国主流文化的认知等方面的研究还是一个空白领域。

---

[1] LACKEY G F. "Feeling blue" in Spanish: a qualitative inquiry of depression among Mexican immigrants [J]. Social science & medicine, 2008 (67): 228-237

[2] 井上奈良彦. 日本の国費留学生の異文化的適応：九州大学における複数の事例調査 [J]. 日本コミュニケーション学会九州支部, 2007（5）：61-74.

[3] 吕玉兰. 来华欧美留学生的文化适应问题调查与研究 [J]. 首都师范大学学报（社会科学版），2000（S3）：158-170.

[4] 雷龙云，甘怡群. 来华留学生的跨文化适应状况调查 [J]. 中国心理卫生杂志，2004（10）：729.

[5] 陈慧，车宏生，朱敏. 跨文化适应影响因素研究述评 [J]. 心理科学进展，2003，11（6）：704-710.

第五章
在京留学生媒介接触行为与跨文化适应性的实证研究

第一节 研究背景及目的

　　前文对在华留学生的基本情况和媒介环境做了基本介绍。本章旨在利用实证研究的方法明确在京留学生媒介接触行为与跨文化适应性之间的量化关系，并为后续政策建议的制定提供依据。

　　1999—2017年近二十年间，在中国综合国力不断提升的背景下，作为我国国际化战略的一个重要环节，来华留学生的人数出现大幅增长。[①]从1999年的44 711人到2016年的442 773人，人数增长了近10倍（见图5-1）。截至2017年12月，在华留学生的总人数攀升到48.92万人（中国高等教育学会外国留学生教育管理分会，2017）。留学生的增加一方面使接受留学生的机构、组织增加，另一方面由于留学生在各地学习、参与当地社会生活，使他们对中国有了更加真实的了解，同时也对中国社会产生不同程度的影响。因此，探讨留学生的跨文化适应性问题有着重要的现实意义。

　　关于跨文化适应的定义和内涵，诸多角度的思考呈现出不同的侧重点。

[①] 陈丽，伊莉曼·艾孜买提."一带一路"沿线国家来华留学教育近10年发展变化与策略研究[J]. 比较教育研究，2016，38（10）：27-36.

例如，跨文化适应，也称为文化适应，一般指"由个体所组成，且具有两种不同文化的群体在连续接触的过程中所导致的两种文化模式的变化"[1]。有日本学者指出，"在跨文化环境中为实现工作或者学业等目标，与文化、语言背景不同的人建立友好关系，使个体有可能实现赋予新意义的生活"[2]。本研究把"跨文化适应状态"定义为置身于跨文化环境的人理解居住国的文化，在学业、交流方面得到满足，在情绪、环境等方面鲜有不安的状态。而且，迁移到跨文化环境中，对自己周围的人们施以援手，拥有居住国的社交人脉也是实现跨文化适应极为重要的一个方面。在某种意义上，与人交往的技巧和能力越高，越能获得良好的社会圈子，展现良好的跨文化适应状况。

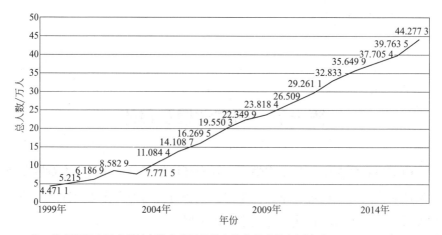

注：作者根据中国高等教育学会外国留学生教育管理分会网站（http://www.cafsa.org.cn/）发布的1999—2015年全国来华留学生统计数据及中华人民共和国教育部官方网站（http://www.moe.gov.cn/）发布的2016年我国来华留学生情况统计数据绘制。

图5-1　1999—2016年来华留学生数量的变化

但是，近二十年来，计算机、手机及多种形式的社交媒介的使用日益频繁，因此在研究留学生的跨文化适应性时就不得不从原来的面对面交流发展到探讨手机信息（包括微信）和电子邮件的作用了。

围绕媒介使用与跨文化适应的关系，国外学者一直在进行相关的研究。日本学者（金相美，2003）以首都圈内12所大学的在校留学生为对象，对手机的使用及其对他们的人际关系网的影响，以及与跨文化适应状况的关

---

[1] REDFIELD R. Memorandum on the study of acculturation [J]. American anthropologist, 1936 (3): 149-152.

[2] 山岸みどり. 異文化接触の心理学とその現状と理論 [M]. 東京：川島書店，1995：78-90.

系进行了调查。通过对485名留学生进行的调查分析显示，对于留学生来说，手机主要趋向于作为与母语者们进行交流的媒介；相对而言，与日本人的交流反而会有所减少。这将他们的交友关系限制在与母语者之间，因此持有手机的留学生跨文化适应性更差。①

此外，在日中国学者汤玉梅以横滨市立大学66名在校留学生为对象，设定了"寂寞时""烦恼时""需要帮助时""需要联络时"四个场景，研究了面对面、电子邮件、电话、写信等方式如何影响跨文化交流。结果显示如下：① 在以上所有与人交流的任何场景中，电话都是与本国的家人联系时用得最多的媒介，在日留学生与国内亲友联系也是打电话多于发信息；② 只有在"寂寞时"，以上的留学生多半选择给国内的亲人、好友发信息；③ 与"日本的熟人、好友"和"老师"联系时，发信息最多。而且，将跨文化适应性分成高和低两个组别进行比较时，跨文化适应性高的组，在"寂寞时""烦恼时""需要帮助时""需要联络时"这些人际交往场景中，均使用多种媒介沟通，即在更多样的人际关系网中沟通交流。②

相比较而言，我国学者以媒介接触行为视角探讨跨文化适应性的研究比较少见。较之新闻传播学学者，跨文化适应领域的研究主要由从事心理学研究的学者来开展。

近年来，移动互联网和大数据技术的不断发展加速了智能手机在社会生活中的普及。除了传统的语音通话、文本短信之外，手机上网及相关的社交网络应用等创新型网络技术发展也日趋成熟。利用智能手机及微信等应用程序进行网上交流，与使用电子邮件或者计算机上网比起来，很明显的特征就是可以不受时间、地点、设备等的限制。③而传统的面对面交流，包括电子邮件在内，手机短信、手机通话等各种交流媒介的使用，无论是中国学生还是留学生，都会感到不同媒介在信息传达上的局限性，在与人交往导致的紧张感方面也各不相同。国外学者的研究表明，留学生在传播

---

① 金相美. 携带電話利用とソーシャル·ネットワークとの関係：在日留学生対象の調査結果を中心に［J］. 東京大学社会情報研究所紀要，2003（65）：363-394.
② 湯玉梅. 在日中国人留学生の異文化適応過程に関する研究：対人行動上の困難の観点から［J］. 国際文化研究紀要，2004（10）：293-328.
③ 宋易康. 试析微信公众平台在媒体营销中的特点、优势及其问题［J］. 东南传播，2014（3）：101-104.

信息时，比起手机短信，手机通话和电子邮件最为有效。另外，与手机短信、电子邮件相比，通过手机通话进行交流让人明显感到紧张，感到有压力。而且，留学生与亲朋好友交流时使用手机通话和手机短信较多。与此相对，电子邮件主要用于与朋友和指导老师联系。因此，在多种媒介交流手段并存的今天，把握留学生媒介的使用情况、了解影响留学生跨文化适应性的因素显得意义重大。[①]

媒介使用与跨文化适应性的因果关系至今尚未明确，同时没有足够的调查数据证明前面提到的"使用手机的留学生跨文化适应性差"。人们担心那些跨文化适应性差的留学生，由于外语理解力不足、社交能力欠缺而选择多与本国母语者打电话。尽管来国外很久，还是频繁地使用手机。与母语者间的人脉网络稳定，更加阻碍了跨文化适应。

因此，本研究在调查留学生传统媒介（广播、电视）、手机（短信、电话、上网）和计算机（电子邮件和上网）的使用状况的基础上，明确留学生媒介接触行为与跨文化适应性之间的关系，进而分析媒介使用与跨文化适应状况之间是否存在因果关系。如果存在因果关系，则进一步探讨这种关系是单向的还是双向的。本研究不仅研究留学生的人口统计学属性（年龄、性别、经济状况）的影响，而且来华时间、学习汉语的年数、汉语能力也是控制变量，分别讨论其对"媒介接触"和"跨文化适应性"的影响。

综上所述，在对已有研究文献进行分析的基础上，本研究设计了适用于实证研究的结构方程模型（见图1-1，以下简称为SEM），用以分析诸多变量间的关系。

第二节　研究方法

一、调查对象

本研究的调查对象涉及在京的6所大学，即北京第二外国语学院、北

[①] 叶少瑜. 留学生のコニュニケーションメディア観及びそれに影響を及ぼす諸要因［J］. 日本教育工学会論文誌，2012，36（13）：59-68.

京语言大学、北京外国语大学、中国传媒大学、中国人民大学和北京大学的586名外国留学生。调查过程主要以问卷调查的方式实现，共发放问卷586份。通过问卷整理，去掉了问卷中答题缺失的数十份问卷，最终回收有效问卷507份，问卷回收率约为86.5%。

二、调查项目

本研究设计的调查问卷，主要涉及以下4个部分。

1. 个人基本信息

为保护留学生的个人隐私，所有问卷都采用匿名的形式收集。问卷中需要采集的留学生个人基本信息包括性别、年龄、国籍、经济状况、来华留学时间、汉语能力等。这部分数据由留学生根据自身实际情况填写，填写的结果用于最终结果的差异化分析。

2. 来华后的媒介接触状况

来华后的媒介接触状况包括广播、电视、手机、网站、电子邮件的使用频率、目的、对象，以及输入信息的熟练程度等，属于选择式回答。其中，广播和电视属于传统媒介的使用，互联网网站、电子邮件、智能终端设备属于新媒体的使用。传统媒介和新媒体的区分主要用来分析在华留学生汉语学习与媒介使用的相关性，以及由此造成的差异，同时着重分析网络媒体的使用给留学生语言学习和跨文化适应带来的深刻影响。

3. 社交网络（如微信、Facebook等）的使用状况

考虑到社交媒介及网络也许是留学生社会生活、日常交往中最重要的工具，本研究着重调查了留学生的社交网络媒介接触频率，设置了每日不足1小时到每日超过7小时共5个跨度的选项。而且，本研究调查了使用智能终端时输入中文的熟练程度，由接受调查的留学生自己对熟练程度进行判断，设置了从"极不熟练"一直到"极熟练"共5个选项。这样的调查主要是考虑到熟练输入中文者往往可以被认为汉语程度较好，并且多用社交媒介与中国人沟通交流。

4. 关于跨文化适应性

本研究设置了关于适应性、满意度、好感度的调查项目。在适应性的测量中设置了5个常规调查项目。在满意度的测量中，由于文化适应性不仅包括心理适应，也包括对当地社会文化的适应，特设置了4项调查——考虑到大多数留学生是为了取得学位而来华留学，设置了"有信心拿到学位""能够学到研究方法和专业技能"2个调查项目；考虑到留学生在跨文化情境下难以形成顺畅的人际交流关系的原因有可能是汉语能力不足，设置了"中文进步了""在中国可以同时学习不同国家（地区）的语言（不含中文）"2个调查项目。对好感度的测量设置了2个调查项目。针对这些调查项目，本研究要求留学生对每项与测量主题相关的陈述语句发表自己的看法，并采用李斯特5星法进行评价，即：1.十分符合；2.比较符合；3.不一定；4.比较不符合；5.完全不符合。

本研究还考虑到对中国学生及中国社会的好感度越高，跨文化交流就越活跃，获得包括信息提供等在内的社会援助就越多，因而跨文化适应性就越好。所以，在调查问卷中还设置了"你喜欢中国学生吗？""你希望和中国学生一起学习吗？"这两个调查项目。留学生毕业后的职业选择及离开中国后的行为也能反映出对中国社会的认可程度，以评价跨文化适应性的优劣。因此，本研究设置了"毕业后，你希望在中国工作吗？""毕业后，你希望继续在中国生活吗？""离开中国后，你愿意向朋友们介绍中国吗？"3个调查项目。对此，也分别采用李斯特5星法进行评价。

三、调查问卷的语种

为了避免留学生因汉语能力差异给理解问卷内容带来影响，调查问卷做成了中文版，并翻译成英文版。英文版调查问卷由在华访学的美国社会学学者进行了语言上的确认。问卷设计完成后，为了确认其信度，在进行正式调查前，对6名本科留学生（男女各3名）进行了预调查，并根据他们的意见和反馈对问卷进行了修正、完善。在回答方式上，除了"个人基本信息"需要填写外，其他调查项目都采用选项式回答。

关于调查问卷所使用的语言，由留学生根据自身的语言能力，选择使用中文版或英文版。本次调查在2018年4月1日到4月30日之间进行，对选定的6所高校的留学生发放了调查问卷。

第三节 调 查 结 果

一、被调查留学生的个人基本信息汇总

被调查留学生的个人基本信息汇总如表5-1所示。从表5-1可以看出，由于发放问卷的6所高校主要是文科类院校，所以导致留学生的男女比例达到2∶3。留学生的平均年龄为23.86岁。留学生来源国共有27个国家和地区，其中有60%以上来自韩国。就所属学历教育而言，70%以上为本科生，其余为研究生。就在华学习经历而言，约45%以上为3年以上。就汉语学习经历而言，70%以上的留学生来华前曾经学习过汉语。

表5-1 被调查留学生的个人基本信息汇总

性 别	男性：203人（40%）	女性：304人（60%）	
平均年龄	23.86岁（标准差：3.891，年龄跨度：20～37）		
国籍（前5位）	韩国：61%	日本：5%	蒙古：3.2%
	美国：2.1%	法国：2.1%	
所属学历教育	本科生：76.5%	研究生（含硕士生、博士生）：23.5%	
在华学习经历	1年以下：65人（12.8%）	1～2年：122人（24.1%）	
	2～3年：96人（18.9%）	3～4年：107人（21.1%）	
	4～5年：37人（7.3%）	5～6年：27人（5.3%）	
	6年以上：53人（10.5%）		
汉语学习经历	从未学过：150人（29.6%）		
	简单学过：304人（60%）		
	深入学过：53人（10.4%）		
经济状况（每月生活费）	500元及以下：5人（1.0%）		
	501～2 000元：80人（15.8%）		
	2 001～3 500元：288人（56.7%）		
	3 501～5 000元：118人（23.3%）		
	5 000元以上：16人（3.2%）		

二、媒介接触情况

在这里，对留学生的各种媒介接触行为进行简单的总结，如广播、电

视、智能手机和计算机等的使用状况。

1. 收看中文电视

每日：6人（1.2%）。

4～5日/周：26人（5.1%）。

2～3日/周：85人（16.8%）。

1日/周：186人（36.7%）。

从不：204人（40.2%）。

留学生每周收看中文电视的情况如图5-2所示。

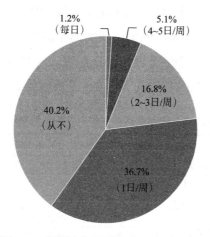

图5-2 留学生每周收看中文电视的情况

从不收看中文电视的留学生达到40.2%，一周只收看一次中文电视的留学生有36.7%，也就是说近80%的留学生几乎不收看中文电视。这个调查结果比预想的还要低。首先想到的原因就是传统媒介日渐式微，无论是对中国人来说，还是对留学生来说，以电视为代表的传统媒介逐渐淡出人们的视线。视听节目的电视媒介不具备便携性，收看节目的时间不具备自主性，电视节目的可选择空间也不如网络媒体大。这些都是传统媒介不敌网络媒体的弱势。可以说，作为传播中国相关信息的媒介，电视与网络相比不具有任何优势。

但是，也有20%多的留学生有收看中文电视的习惯。在访谈中发现，有些留学生认为，电视仍然是学习语言的重要工具，特别是新闻类节目，如《新闻联播》。播音员的标准发音对他们学习词汇、练习听力都有帮助。学习一些官方说法、政策性用语,电视中的播音员是最好的老师。

总之,虽然电视不是作为接收信息的工具在使用,但它仍然是学习汉语的常用工具之一。

2. 收听中文广播

每日:21人(4.1%)。

4~5日/周:48人(9.5%)。

2~3日/周:118人(23.3%)。

1日/周:143人(28.2%)。

从不:177人(34.9%)。

留学生每周收听中文广播的情况如图5-3所示。

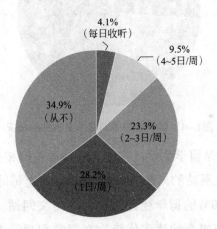

图5-3　留学生每周收听中文广播的情况

从不收听中文广播的留学生大约占到35%,每周只收听一次中文广播的留学生大约占到28%。由此可见,对广播这一传统媒介的接触行为的趋势大致与电视相同,但是比电视的接触程度稍高。分析其原因,可以想到的是广播的便携性要比电视好很多。另外,很多学生也可以通过手机收听数字广播。广播中不仅有新闻时事类节目,还有音乐、听书及其他文化娱乐类节目,可选择的种类更多。所以,广播不仅可以成为学习汉语的工具,还有休闲娱乐、传播生活信息的功能。

3. 浏览中文网站

每日：106人（20.9%）。

4~5日/周：96人（18.9%）。

2~3日/周：173人（34.2%）。

1日/周：100人（19.7%）。

从不：32人（6.3%）。

留学生每周浏览中文网站的情况如图5-4所示。

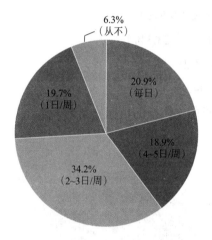

图5-4　留学生每周浏览中文网站的情况

浏览中文网站是留学生学习中文、了解与中国相关的信息的主要路径。每天浏览中文网站的人数占20%以上，加上每周浏览4~5日者近20%，总计有近40%的留学生频繁地使用中文网站。网络是多媒体的媒介，汇集了传统媒介的诸多优势，在视觉和听觉上有高质量的视听享受，且有传统媒介不具备的即时反馈功能，表达方式也更加多样化、生活化。这些都吸引留学生使用中文网站了解信息。在访谈中，很多留学生表示，有别于传统媒介都是官方语言、理解起来比较费劲，网络语言鲜活、有趣，且所选话题多反映日常生活中普通人的喜怒哀乐，这些都很吸引人。

国内外诸多的研究结果均表明，新媒体或新技术的主要利用人群是年轻人群体。本次参与调查的留学生的平均年龄约24岁，而从统计结果上看，网络媒体相比于传统媒介也更加受欢迎，这也与国内外受众研究的成果相吻合。

4. 手机使用年数

2年以下：27人（5.3%）。

2~4年：48人（9.5%）。

4~6年：53人（10.5%）。

6~8年：91人（17.9%）。

8年以上：288人（56.8%）。

留学生手机使用年数的情况如图5-5所示。

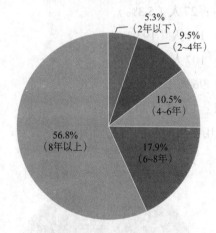

图5-5　留学生手机使用年数的情况

半数以上的留学生使用手机超过8年，可见是手机长期稳定的用户。这样的使用经历，使手机已经成为使用者生活中的重要交流工具。在8年中，通过不断的技术升级，手机在人们的生活中已经从仅具有通话、短信等简单功能发展成为智能手机，成为社交工具和生活工具。特别是智能手机开发出了免费语音、免费视频的应用，对生活在异乡的留学生来讲，手机更加成为与家人、与故乡的朋友联络的不可替代的工具。智能手机的上网功能、信息存储功能、自媒体功能，使学习语言、记录和传播在中国的留学生活变得简单方便。

值得关注的是，智能手机的出现，也不全是交流方便、价格便宜等正向反馈。在调查中发现，很多留学生在虚拟社区中加入了多个群。这些群可以被视作是虚拟的社团组织。许多留学生的群是在使用母语的同学、朋友中建立起来的，大家频繁互动，用母语进行交流，每天会花很多时间与相同文化背景的亲朋好友交流，而与中国同学的交流则变成了事务性的沟通，少有精神、思想层面的深刻交流。长此以往，虽然生活在国外，但是出现了交往圈子仍然是母语文化圈的情况。这不利于学习汉语，妨碍更深入地了解中国文化，进而影响了跨文化适应的进程。这一趋势在后面关于手机使用时长、社交网络应用使用时长的调查分析中也有所反映。

5. 手机使用时长

不足1小时/日：27人（5.3%）。
1~3小时/日：101人（19.9%）。
3~5小时/日：107人（21.1%）。
5~7小时/日：96人（18.9%）。
超过7小时/日：176人（34.8%）。

留学生每日使用手机时长的情况如图5-6所示。

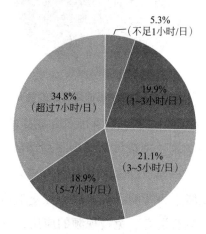

图5-6 留学生每日使用手机时长的情况

每日超过7小时的使用者占34.7%，时间之长令研究人员没有想到。这可以理解为除去上课、衣食睡眠等生活必需的时间外，所有的时间都是跟手机一起度过的。当然，需要考虑的是，现代社会中的媒介使用往往具有重叠性，即同一时间做包括媒介使用的多件事情。比如，上课时一边听讲，一边回复微信、刷朋友圈；吃饭时一边进餐，一边听音乐、看视频；运动时一边健身，一边语音聊天儿。这样算来，单纯叠加做每一件事情的时间，一天的可利用时间就有可能大于24小时。令人感兴趣的是，留学生使用手机时的交流对象是谁。如同上述关于手机使用年数的调查分析所反映的情况，很多留学生在使用母语跟相同文化圈的亲朋好友交流。

6. 社交网络应用使用时长（如微信、Facebook、Twitter等）

不足1小时/日：80人（15.8%）。

1～3小时/日：149人（29.4%）。

3～5小时/日：133人（26.2%）。

5～7小时/日：38人（7.5%）。

超过7小时/日：107人（21.1%）。

留学生每日社交网络应用使用时长的情况如图5-7所示。

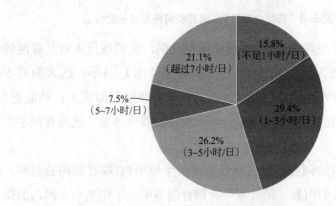

图5-7 留学生每日社交网络应用使用时长的情况

社交媒介的使用状况是本调查的一个重点内容。15.8%的留学生使用频率很低，一半以上集中在3小时上下，还有约五分之一的人每天使用社交网络应用7小时以上。7小时以上的接触，说明一天中大约三分之一的时间都在使用社交媒介，这部分留学生是社交媒介的重度依赖者。

7. PC端互联网使用时长

不足1小时/日：169人（33.4%）。

1～3小时/日：166人（32.7%）。

3~5小时/日：148人（29.2%）。

5~7小时/日：3人（0.6%）。

超过7小时/日：21人（4.1%）。

留学生每日PC端互联网使用时长的情况如图5-8所示。

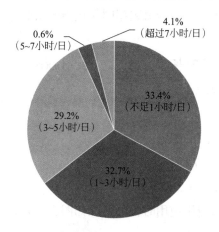

图5-8　留学生每日PC端互联网使用时长的情况

所有的留学生每天都在PC端使用互联网，说明现代人对互联网的依赖程度很高。每天使用1小时以内的人数与使用1~3小时的人数基本持平，两者共占60%以上。在使用时，PC端互联网页面宽大，功能更强，无论是浏览新闻，还是休闲娱乐，都有较好的媒介体验，这是智能手机所不及的。

从这个项目的调查结果只能看到留学生使用PC端互联网的频率，难以看出上网浏览的内容。结合本研究调查问卷中关于浏览中文网站的调查结果可以发现，约四分之一的被调查者每周只浏览一次中文网站或者从不浏览。也就是说，留学生使用PC端互联网在很大程度上还是关注的来自本国的信息，即使是与中国相关的信息，也是多用母语获得，制作信息的媒体也可能是国外的媒体。

8. 电子邮件发送频率

从不使用：126人（24.9%）。

1~3封/日：201人（39.6%）。

3~5封/日：39人（7.7%）。

5~7封/日：122人（24.1%）。

超过7封/日：19人（3.7%）。

留学生每日发送电子邮件的情况如图5-9所示。

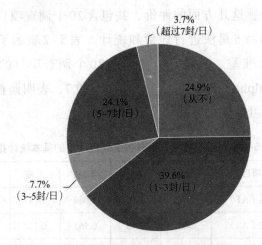

图5-9　留学生每日发送电子邮件的情况

本调查把利用个人计算机（PC）发送的邮件视作电子邮件。其中，近40%的留学生每天发送1~3封电子邮件，这说明大部分人还是有每天登录邮箱、确认邮件的习惯。相比短信息、微信信息而言，电子邮件的接收和发送虽然没有那么方便，但是当文件内容较为复杂、较为正式时，还是需要写成正规的电子邮件传递。也就是说，短信息和微信信息在联络的即时性上占据优势，适合即时联系，但是在传递正式信息且文件资料容量比较大时，只能通过电子邮件传输。留学生的电子邮件，除了联络之外，可以想见的是用电子邮件的形式传送作业，这也是今天媒介在教学中的应用之一。

从不使用邮件的留学生占到总人数的近四分之一，这个比例比想象的要高。电子邮件纵使有短信、微信等即时联系不具备的特征，但是如果不是公文处理，也可以被其他的沟通方式所代替。由此可知，留学生有使用社交媒介缓解思乡之情的特殊情感需求再一次被验证。和祖国的亲朋好友联系，以及与使用母语的本国人联系，这种信息不是公文式的，在写作时不必格式严谨、用语标准，往往是口语化、充满感情色彩的表达，这类文体正是社交媒介所擅长的。

三、跨文化适应性

调查问卷的第二部分是有关留学生跨文化适应性、满意度、好感度和文化认同感这几方面的评价，共包含20个调查项目，每个调查项目都采用李斯特5星法进行评价和统计。表5-2显示了各调查项目得分的均值、标准差、方差等信息。这20个调查项目的总体信度系数（Cronbach's alpha）为0.742。该系数大于0.7，表明调查问卷的统计结果具有较高的可信度。

表5-2 调查问卷第二部分各个调查项目的基本统计指标

编号	调查项目	N	均值	标准差	方差	峰度	偏度
1	适应性1（A1）	507	2.56	1.069	1.143	−0.839	0.060
2	适应性2（A2）	507	2.96	0.563	0.317	1.477	−0.378
3	适应性3（A3）	507	2.95	0.949	0.901	0.252	0.030
4	适应性4（A4）	507	2.93	1.113	1.239	−0.475	0.053
5	适应性5（A5）	507	3.26	1.054	1.111	−0.179	0.119
6	满意度1（S1）	507	2.80	0.709	0.502	1.417	−0.425
7	满意度2（S2）	507	2.99	0.692	0.479	1.530	0.408
8	满意度3（S3）	507	2.55	0.998	0.995	−0.209	−0.035
9	满意度4（S4）	507	2.74	0.902	0.813	0.144	−0.251
10	满意度5（S5）	507	2.72	1.127	1.269	−0.719	0.037
11	满意度6（S6）	507	3.04	0.967	0.934	0.087	−0.158
12	满意度7（S7）	507	2.63	0.864	0.746	−0.054	−0.215
13	满意度8（S8）	507	2.61	0.689	0.474	0.014	−0.309
14	满意度9（S9）	507	2.42	0.929	0.863	0.345	0.276
15	满意度10（S10）	507	2.41	1.037	1.074	0.232	0.625
16	好感度1（L1）	507	2.44	0.847	0.717	−0.114	−0.244
17	好感度2（L2）	507	2.40	1.046	1.094	−0.117	0.442
18	文化认同感1（C1）	507	2.69	1.186	1.406	−0.520	0.187

续表

编号	调查项目	N	均值	标准差	方差	峰度	偏度
19	文化认同感2（C2）	507	2.79	1.157	1.338	−0.662	0.002
20	文化认同感3（C3）	507	2.20	1.107	1.226	0.000	0.650

调查问卷第二部分的调查项目1～5用于评价留学生在华学习的适应性，调查项目6～15用于评价留学生在华学习的满意度，调查项目16～17用于评价留学生在华学习的好感度，调查项目18～20用于评价留学生在华学习后对汉文化的文化认同感。各统计分类的平均值如表5-3所示。从表5-3可以看出适应性的得分较高，而好感度的得分较低，但是各统计分类均处于合理范围内。

表5-3　调查问卷第二部分各分类的统计结果

分类	均值	标准差	方差	峰度	偏度
适应性	2.93	0.950	0.942	0.047	−0.023
满意度	2.69	0.891	0.815	0.279	−0.005
好感度	2.42	0.947	0.906	−0.116	0.099
文化认同感	2.56	1.150	1.323	−0.394	0.280

利用SmartPLS软件可建立适应性、满意度、好感度与跨文化适应能力间的路径结构图。根据调查问卷的设想，在华留学生在学习过程中感受到的适应性、满意度和好感度应该会对留学生活结束后产生的文化认同感产生积极的影响。图5-10显示的是本研究设想的模型结构图和经SmartPLS软件运算后得出的路径相关系数。从SmartPLS软件的运算结果来看，适应性、满意度和好感度对留学生的文化认同感都产生了正相关的影响，特别是关于留学生在华好感度的评估对留学生文化认同感的提升有着最高的正相关影响。也就是说，在华学习过程中，留学生在与身边的中国学生不断的交流中所产生的亲切感会直接影响到留学生毕业后是否愿意主动、持续地在中国文化背景下继续工作和生活。而在华学习过程中的适应性，则由于互联网时代的到来和国际交往的愈发频繁，不再扮演决定留学生文化认同感的最重要角色。

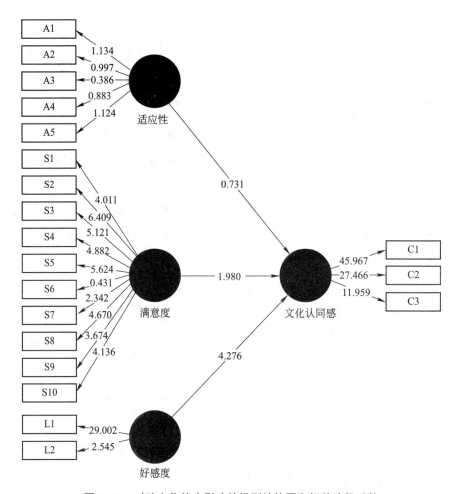

图5-10 对跨文化能力影响的模型结构图和相关路径系数

另外,从性别差异角度的分析来看,男性留学生在适应性、满意度和好感度这几个统计分类中选择了更高的分数,但是在文化认同感这一统计分类中,女性留学生则选择了更高的分数。表5-4中显示了按照性别区分后,男性留学生和女性留学生在不同的统计分类中得分的平均值。从表5-4可以看出,前几个统计分类男性留学生的得分都高于女性留学生,但是在文化认同感这一统计分类中,男性留学生的得分则明显低于女性留学生。

表5-4 男性留学生和女性留学生在各统计分类中得分的平均值

性别	适应性	满意度	好感度	文化认同感
男	2.99	2.74	2.49	2.43
女	2.89	2.65	2.38	2.65

图5-11以折线图的形式显示了男女间得分的不同对比。从图5-11可以更加明显地看到，即使在前几个统计分类中得分都落后于男性留学生，但是女性留学生在文化认同感这一统计分类中的得分远高于男性。这也从另一个侧面说明，尽管女性留学生可能对在中国的留学生活有更多的不适应，但是女性在文化认同这种形而上的抽象层面表现出了对中国文化的认同。这个看似有些矛盾的结论确实耐人寻味。笔者认为，在日常生活的便利程度、精致程度上，女性的要求也许更高；女性的天性敏感和对生活细节的追求有可能妨碍她们获得较高的满意度和适应性。但是，文化的认同可解释为一种肯定的文化判断，女性在母国接受到的关于中国的各类信息也许有别于男性，对信息的选择性接触可能会影响两者形成不同的中国印象，以及对中国文化的价值判断。然而，本研究并未涉及留学生来华前对中国文化的认同状况，但笔者认为既有文化认同起了很大的作用，是否如此还需在后续的研究中进一步检验。

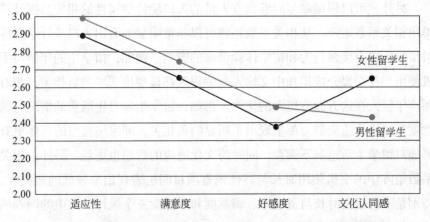

图5-11 男性留学生和女性留学生在各统计分类中的得分差异图

四、各变量的相关性

在探讨图1-1所示的结构方程模型之前，利用SPSS软件计算出了本研究分析所采用的各变量之间的相关关系。调查问卷第二部分中的20个调查项目分别用于判断留学生在华学习生活的适应性（A1~A5，即调查项目1~5）、满意度（S1~S10，即调查项目6~15）、好感度（L1和A2，调查项目16和17）和文化认同感（C1~C3，即调查项目18~20）。这20个调查项目间的相关系数矩阵如表5-5所示。

从表5-5中的数据可以看出，A4（-0.342）及S6（-0.315）与S10的相关系数最低且为负。其中，A4的内容为"来华之后，情绪波动明显"，S6的内容为"能和教师深入交流"，S10的内容为"在中国可以同时学习不同国家（地区）语言（不含中文）"。从这三个调查项目的内容可以了解到，情绪的波动、和教师的语言沟通与在中国可以同时学习不同国家（地区）语言有明显的负相关，可以理解为当留学生情绪不稳定时，有可能导致对语言学习产生抵触情绪，并且也会影响对其他国家（地区）语言或文化的学习和了解。同样地，与中国教师交流的不通畅，也会导致留学生对语言学习产生挫败感，影响他们在语言学习上的内生动力。另外，A10也是均值得分最低的一个调查项目，即当留学生在中国学习的满意度、适应性、好感度等受到负面影响时，都会导致留学生在学习上遇到阻力，甚至会迁移到语言能力的进一步强化上来。

另外，可以根据参与问卷调查人员的人口统计学属性的相关数据计算得出相关系数矩阵，从相关系数矩阵可以非常明显地看出人口统计学属性对留学生媒介接触行为和留学体验带来的影响。例如，留学生的年龄与手机使用、社交媒介应用和中文输入熟练程度都显现出明显的负相关，相对而言年轻人在这方面有更大的优势。再如，留学生每月生活费的情况与满意度和跨文化适应能力都呈现出了明显的负相关，即家境富裕的群体更有可能对留学生活感到不满意，同时跨文化适应的意愿也更低。另外，相关系数矩阵中的手机使用时长与其他调查项目间也表现出来较低的相关度，特别是手机使用时长与适应性、满意度和好感度三个统计分类中的调查项目都显现出明显的负相关特性。这一特点可以理解为使用手机更加频繁的群体也更加倾向于通过手机与自己母语圈的朋友进行交流。尽管他们处于中国的语言文化背景下，但是虚拟世界却给了他们可以依赖的母语环境。这一点在后面的章节中还会进行阐述。

表5-5 调查问卷第二部分中各调查项目间的相关关系矩阵

	A1	A2	A3	A4	A5	S1	S2	S3	S4	S5	S6	S7	S8	S9	S10	L1	L2	C1	C2	C3
A1	1																			
A2	0.092	1																		
A3	0.113	0.254*	1																	
A4	-0.09	0.097	0.399**	1																
A5	-0.273**	0.126	0.12	0.416**	1															
S1	0.247*	0.165	0.174	-0.005	-0.014	1														
S2	0.123	0.299**	0.323**	0.206*	0.077	0.365**	1													
S3	0.15	0.117	0.143	-0.002	-0.078	0.262*	0.332**	1												
S4	0.297**	-0.106	0.083	0.086	-0.072	0.183	0.217*	0.186	1											
S5	0.345**	0.031	0.065	-0.025	-0.187	0.035	0.146	0.102	0.407**	1										
S6	0.276**	0.179	0.165	-0.076	-0.053	0.199	0.239**	0.241*	0.403**	0.451**	1									
S7	0.202*	0.230*	0.002	-0.029	-0.079	0.087	0.082	0.162	0.298**	0.263*	0.286*	1								
S8	0.168	0.204*	0.082	0.018	-0.121	0.122	0.17	0.081	0.381**	0.295**	0.249*	0.525**	1							
S9	0.286**	0.197	-0.131	0.041	-0.169	0.307**	0.222**	0.265**	0.350**	0.298**	0.324**	0.301**	0.392**	1						
S10	-0.017	0.012	-0.151	-0.342**	-0.08	-0.003	-0.053	0.254*	-0.054	-0.227*	-0.315**	0.064	0.092	0.006	1					
L1	0.230**	0.084	-0.024	-0.055	-0.215*	0.078	0.262*	0.315**	0.293**	0.222*	0.237*	0.298**	0.280**	0.221*	0.142	1				
L2	0.169	-0.043	-0.021	-0.111	-0.019	0.109	0.05	0.328**	0.214*	0.034	0.067	0.118	0.189	0.055	0.318**	0.351**	1			
C1	0.119	0.188	0.099	-0.033	-0.284**	-0.061	0.242*	0.260*	0.113	0.197	0.308**	0.253*	0.218*	0.166	-0.079	0.464**	0.082	1		
C2	0.053	0.166	0.048	-0.029	-0.259*	0.000	0.290**	0.175	0.038	0.149	0.17	0.188	0.176	0.212*	-0.069	0.443**	0.132	0.783**	1	
C3	0.138	0.116	-0.111	0.003	-0.119	0.106	0.100	0.218*	0.128	0.106	0.171	0.245*	0.257*	0.269**	-0.017	0.461**	0.187	0.566**	0.515**	1

注:**表示在0.01水平(双侧)上显著相关,*表示在0.05水平(双侧)上显著相关。

五、结构方程模型分析

根据图1-1所示的结构方程模型,本研究通过Amos软件建立了相应的路径模型并计算了相应的路径系数[①],如图5-12所示。图5-12中共有28个因子,分别用e1~e28表示。e1~e8是针对调查问卷第一部分(见附录A)中关于留学生媒介接触行为的考察,其中:e1和e2分别对应调查项目8和调查项目9,主要调查留学生的传统媒介接触行为;e3~e7分别对应调查项目10~14,主要调查留学生的新媒体接触行为;e8对应调查项目7,用于询问留学生来华前是否学过中文。e9~e28是针对调查问卷第二部分(见附录A)中关于留学生在京学习期间对留学生活的适应性、满意度、好感度及对中国文化的认同感的考察,其中:e9~e13为适应性因子,对应调查项目1~5;e14~e23为满意度因子,对应调查项目6~15;e24~e25为好感度因子,对应调查项目16~17;e26~e28为文化认同感因子,对应调查项目18~20。

在图5-12所展示的路径模型中,留学生的传统媒介接触行为和新媒体接触行为对跨文化适应性都产生了正向的积极影响。相反,跨文化适应性对传统媒介接触行为和新媒体接触行为的路径系数不具有统计学意义,因此被排除在路径模型之外。除此之外,在人口统计学属性中,是否学习过中文对跨文化适应性也有积极的正向影响。

留学生在华学习生活的适应性、满意度和好感度都对跨文化适应性有积极的正向影响,特别是满意度和好感度对跨文化适应性的积极影响更为充分。因此,提升留学生在华生活的满意度和好感度对提升留学生整体的跨文化适应性非常重要。

另外,跨文化适应性对留学生的文化认同感也有积极的影响,即通过提升留学生的跨文化适应性可以同时加强他们对中国文化的认同感,也能够使他们更加理解汉语和中国文化。

---

① 肖巍,倪传斌.基于Amos的大学生英语应试技巧研究[J].现代教育技术,2015,25(8):74-80.

第五章 在京留学生媒介接触行为与跨文化适应性的实证研究

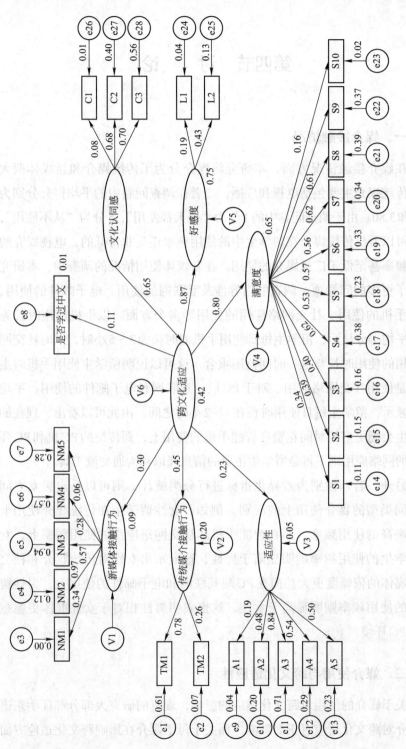

图5-12 媒介接触行为与跨文化适应性的路径模型及路径系数

第四节 讨 论

一、媒介接触情况

在媒介接触情况方面，本研究将媒介分为了传统媒介和新媒体两大类。传统媒介主要包括电视和广播，二者在调查问卷中的平均得分分别为4.09和3.80。由于调查问卷中的1分为"每天都使用"，5分为"从不使用"，所以可以看出传统媒介在留学生中的使用频率还是非常低的，电视媒介的使用频率甚至低于广播媒介的使用。在新媒体使用情况的调查中，本研究设计了更多的问卷项，调查的内容涉及互联网的使用、电子邮件的使用、智能手机的使用、社交网络应用的使用等多个方面。以手机使用时长为例，平均得分显示，留学生每日使用手机的时长为3~5小时，同时社交网络应用的使用时长与这一时间范围重合，这可以说明留学生使用手机时主要就是使用社交网络应用。对于PC机、互联网和电子邮件的使用，平均得分显示，留学生每日使用时长在1~2小时之间。由此可以看出，现在的留学生会把更多的时间花费在智能手机的使用上，而传统的PC机和PC环境下的网络应用则不再是留学生主要的信息获取和沟通交流工具。

另外，若以性别为差异化指标进行分类统计，则可以看出男女之间在不同类型的媒介使用上的区别。例如，女性留学生在传统媒介使用上仅有略高的使用频率，而在智能手机和社交网络应用的使用频率上，女性留学生的使用频率则明显高于男性，这显示出女性对传统媒介和社交网络媒体的依赖度更大。而在PC端互联网和电子邮件的使用上，男性留学生的使用频率则明显高于女性，这也表明男性相对于女性群体更愿意使用PC环境。

二、媒介使用与跨文化适应性

关于媒介的使用对跨文化适应的影响，现有的研究大部分都证明东道国媒介对跨文化适应有正面影响，而关于母语媒介在影响跨文化适应方面则并未得出一致结论,这也从侧面表明了母语媒介对跨文化适应影响的复杂模式[①]。留学生的跨文化适应性关注留学生在习得语言和文化习惯的同时对东道国文化的适应行为。通过对本研究中提出的结构方程模型进行路径相关系数的计算可以看出,无论是传统媒介还是新媒体,对留学生的跨文化适应性都具有积极的影响,而传统媒介对跨文化适应性的影响要强于新媒体。也就是说,尽管基于单向信息传播的传统媒介正在慢慢地被注重交互和个性化的新媒体所替代,但是在跨文化交流方面,传统媒介仍旧有着不可替代的作用。在知识获取上,特别是不同文化背景、不同语言情景中的学习交流,传统的电视、广播、报纸等信息载体可以有效地传递知识,提升外语水平,促进跨文化适应。

通过对新媒体使用的几种不同形式进行分析,本研究进一步发现,留学生使用手机和使用PC机的频率对跨文化适应性都产生了正向的影响,特别是留学生在智能终端设备上输入中文的熟练程度对跨文化适应性的影响力最高。这可以解释为留学生的汉语理解能力和汉字输入能力对他们的跨文化适应性有着至关重要的影响。另外,社交网络应用的使用频率对留学生跨文化适应性的正向影响是非常低的,这也再次印证了社交网络平台会导致留学生更加倾向于与母语环境中的人或有着相似背景的人交流,从而直接影响了对其他文化的了解和接收,最终使得跨文化适应性没有得到相应的提高。

三、跨文化适应性与文化认同感

为了了解留学生群体在华学习生活中的跨文化适应状况并最终呈现出来对中国文化的文化认同感,本研究设计了调查问卷第二部分中的第18～20个调查项目。设计这几个调查项目的目的主要在于了解留学生在华留学的生活经历,提示在华的生活经历是否有助于他们有意愿融入中国的社会环境,是否有助于认同中国的文化环境,是否有助于发自内心地推广中国文化。

通过结构方程模型的计算结果也可以清楚地看到,跨文化适应性对文

[①] 周丽玲,加尔文.媒介使用与跨文化适应研究述评[J].教育传媒研究,2016(2):92-95.

化认同感有着明显的正相关影响。也就是说，留学生如果能够很好地适应在华的学习生活，自然有着更高的对中国文化的认同感。当以性别为分组变量，即进行男女之间的文化认同感对比时，本研究发现女性留学生（0.588）相比男性留学生（0.481）有着更高的路径相关系数，即女性留学生在相同的跨文化适应性背景下会产生更多的对中国文化的认同感。

第五节 结　　论

　　无论是传统媒介还是新媒体，在留学生的在华学习生活中均扮演着重要的角色。尽管随着信息技术的发展，以数字化为基础的新媒体越来越成为人们获取知识和沟通交流的主要工具，但是传统媒介在留学生跨文化适应过程中仍旧扮演着重要的角色。同时，更加便捷的沟通方式和社交圈式的网络交流平台会在一定程度上妨碍人们对不同文化环境的了解。因此，在重视传统媒介和新媒体作为知识传播渠道的同时，还要充分挖掘社交网络应用的潜力，更好地利用移动网络环境下便捷、多样的沟通形式，避免将社交网络应用变为不同文化背景人群的自我封闭空间。

　　留学生活带来的适应性、满意度和好感度对留学生跨文化适应能力的提升具有积极的作用，特别是好感度的增加会极大地增强他们的跨文化适应能力，进而直接影响到留学生活之后对中国文化的认同感。提升对中国文化的认同感也是我国制定留学生招生政策的主要目的之一。因此，留学生教育应该从适应性、满意度和好感度等多个方面进行提升，特别是要通过增强留学生在华学习生活的好感度来促进留学生群体在中国文化圈的融入感，最终实现对中国文化的认同感。

第六章
在华留学生跨文化适应性的个案研究

笔者在高校讲授"跨文化传播"这门课程，在教学过程中深感学生们只是停留在对教材中跨文化传播理论和方法有所了解和记忆的层面。然而，如何把跨文化传播的技巧在社会生活中加以运用，有效地与拥有不同文化背景的人们交流沟通才是开设这门课的真正意义。笔者所在高校是一所外语院校，一直以来积极接收来华学习的留学生，目前在校留学生来自50多个国家和地区，人数有近千人。这个数字已经远远高于我国高校留学生比例的一般水平。但是，即使在这样的校园中，中国学生也难以同留学生们积极交流。中外学生在同一个校园中学习生活，却属于两个不同的文化圈，中间被一堵看不见的、但中外学生却都能感受到的文化壁垒所阻隔。

促成中外学生的有效交流具有重要的意义。对中国学生来说，从其他文化视角审视中国文化，了解不同于自身文化的其他文化圈的特征，是提高中国学生国际化程度的有效途径。对外国学生来说，则有利于他们深入了解中国人和中国文化。如果留学生能从校园中的中国学生那里得到帮助，无论是汉语学习，还是对中国社会的认知，以及对于提高留学生跨文化适应的程度都具有积极的意义。笔者认为这至少在以下3个方面会产生影响。

（1）增加留学生对中国文化及汉语学习的兴趣。

（2）促进留学生理解中国，增进国家间的友好关系。

（3）对留学生毕业后继续在华工作、生活产生影响。

充实中国学生"跨文化传播"课程的内容，鼓励中国学生与留学生交流接触，提高中国高校的魅力确有必要。这样做不仅使留学生关注、学习中国文化，同时也促进中国学生关注、学习中国文化；不仅帮助留学生提高汉语水平，也有利于通过交流让留学生了解普通的中国人和中国社会。而且，这样做可以使中外学生加深对跨文化传播的理解，获得全球化的国际视野。这符合高校国际化战略中国际教育的理念。

基于这种考虑，本研究课题组指导部分学生对多名在京留学生进行了访谈。本书选取了对7名在京留学生的访谈手记进行研究。这7名留学生的基本信息如表6-1所示。

表6-1　7名留学生的基本信息

个案顺序	国别	年龄	来华时间	中文程度	采访形式
1	意大利	25	7个月	可交流	微信
2	法国	21	7个月	流利	面谈
3	哈萨克斯坦	22	6个月	可交流	面谈
4	墨西哥	24	4个月	交流有障碍	面谈
5	美国	27	29个月	流利	面谈
6	泰国	23	6个月	可交流	微信
7	英国	25	13个月	流利	面谈

访谈内容既有课题组教师的指导，即必问的规定内容，也有学生们和这些留学生朋友的自由交谈，在聊天过程中出现了诸多年轻学生们感兴趣的话题。访谈规定的内容较少，仅涉及了3个问题。

（1）与本国友人的联系频率。

（2）新闻视听的基本状况。

（3）社交网络服务与订阅源的选择。

之所以采取了这样的访谈设计，是考虑到同龄人视角的独特性，研究人员不过多对访谈内容进行干涉或诱导。这部分访谈内容不是严格意义上的质性研究。在长达两三个小时的交谈的基础上，对访谈内容给予文字呈现，然后做了跨文化传播角度的采访手记。本研究未对这些文字资料进行归类，意在表达跨文化研究所涉及话题的丰富性。

第一节 采访手记[①]

一、采访1

采访时间：2017年2月。
采访对象：罗米，意大利女生，来华7个月，可以用中文交谈。
采访地点：中国人民大学。

她，性格热情，来华几个月的时间里游览了中国很多地方，结识了很多中国朋友。我开始是用英文进行的采访，但是罗米都用中文回答我，于是我们的交流也随之都用了中文。我们的对话从去年8月份她刚踏入中国国土时的感受开始。此次采访主要围绕着罗米在中国的这段时间的故事和感受，并且就传播媒介这一方面进入了较为深入的讨论。

Q：你刚来中国时，对中国有什么感受？
A：我觉得中国很大，我很想去旅行。而且，中国人都很热情，他们想帮助有困难的人，在意大利不是这样。

Q：你来中国之前想过自己会遇到哪些问题？来了之后发现有什么问题？
A：我来之前感觉中国的环境不安全，适应环境可能不太好。来了觉得适应环境，但是有时候我不太习惯。

Q：你为什么会觉得中国不安全？是从哪里得出来的这个结论？是看新闻得来的吗？
A：中国安全是安全，因为公安真的很好。我说不安全是因为比如说人们开车的时候没有规律。我没看新闻，是我在中国留学的朋友

[①] 因接受采访的留学生汉语水平层次不齐，故有些表达不太符合汉语表达习惯，甚至出现中英文混用的现象。

们说的。

Q：好的，我明白了。你说不安全不是大环境的不安全，而是中国社会有些具体事件不安全。

A：对，其实中国比意大利安全得多。在意大利有很多坏人，我怕自己出门，但是在中国我可以自己出去玩。

Q：我在你的朋友圈看你分享了很多旅行的照片，你很喜欢旅行吗？都去过中国哪些地方？

A：我喜欢旅行，照片是我寒假的时候拍的。我去过厦门、西安、泰山、昆明、西双版纳、北京。我最喜欢的地方是昆明，因为我喜欢那里的气温。但是北方人比南方人热情，所以我最喜欢北方。哈哈哈。

Q：你在旅行中有没有遇到过有趣的人或者事？

A：遇到了很多有趣的人，很幸福，因为从来没有遇到坏人。在西双版纳我遇到了一个特别漂亮的中国姑娘。她卖水果。她很活泼，每天都有很多事情做。她很大方，把水果给我们吃。她从来没有见过外国人，所以她感到兴奋。

Q：很热情的姑娘啊。你在同中国人相处的过程中有没有出现过矛盾？

A：没有矛盾，只是有的时候我们的想法不一样。有时候我想去喝酒，但是中国的朋友好像不太喜欢喝酒，所以我们在一起玩会选择不一样的地方。我有时候发现中国人不喜欢和朋友倾诉，他们总是把自己的生活保护得很好，我就喜欢和朋友聊天，聊很多话题。

Q：嗯，你们的性格可能会不一样。你认识很多中国朋友吗？都是怎么认识的？

A：很多朋友，在学校里很多人和我打招呼，每次出去玩中国人都加我的微信。

Q：你从什么时候开始使用微信的？微信上中国朋友多吗？大概的使用频率如何？

A：去年8月份我开始用，有很多中国朋友，大家都用微信，都用微信加我好友。我每天都会看微信，每天也都有人和我交谈。

Q：那你平时在微信上和他们交流多吗？

A：跟我的朋友交流比较多，跟陌生人没交流，加我的微信以后我们也不会说话。

Q：你经常使用什么聊天软件？比如微信、Facebook。

A：在意大利我用Facebook，在中国用微信。意大利人不知道微信，所以在意大利时我不用微信。

Q：那你怎么跟你在意大利的朋友聊天？

A：我们用WhatsApp，不光聊天。

Q：你在聊天的过程中会使用很多表情吗？你知道表情包吗？

A：当然，有很多表情。那是什么，我不知道。

Q：表情包就是很多种类的表情。在交流的过程中会使用表情包来表达自己。表情包就是各种表情的集合。

A：我知道了。我有很多表情包，还有很多照片。我和朋友交流的时候会发送表情，我认为可以把我的想法展示出来。我的中国朋友们很喜欢给我发表情，有时候很好笑。

Q：你会看中国的电视剧或者电影吗？

A：我不看中国的电视剧，但我有时候会看中国的电影。有的时候是我的朋友们和我一起去看。

Q：那你觉得在中国的电影中有没有什么观点自己是不赞同的？

A：不赞同？好像没有。但是我在看中国的电影有时候会听不懂他们的话，不知道他们在想什么，有时候觉得好像这个电影我没有看懂。

Q：你能举个例子吗？
A：我看过《花样年华》，因为中国朋友说它很好，我就看了。但是没有看懂，可能是因为我不了解中国。

Q：这部电影我也看过，里面的确有些情节不好理解。没有关系，可能你再多接触接触中国文化就会好了。我还想问一下你在中国看过新闻吗？是从哪里看到的呢？
A：我看到过新闻，但不是我自己主动看的。我在用计算机上网的时候看到过。我自己不喜欢看新闻，但是我的朋友们有人喜欢看新闻。有时候他们会告诉我发生了什么。我偶尔会使用手机App关注下意大利的新闻，或者浏览公众号上感兴趣的信息。

Q：那你觉得中国的新闻和意大利的新闻有什么不一样？
A：我在意大利的时候看新闻会看很大的事件，但是在中国我知道的新闻很多都是自己身边的，因为中国太大了。

Q：嗯，好的。那你认为意大利和中国在传播新闻的过程中有什么不一样？
A：我不太了解中国，但是在意大利看新闻我会经常从电视里或者手机里知道有什么事情，很多时候的新闻都会有大的影响。

Q：你的意思是说意大利的新闻影响范围比较广吗？那在内容上有什么特点？
A：是的，这个地方事情发生了，很多地方都会知道。我觉得新闻都是这样的吧。在内容上很多都是关于政治的，还有一些城市的新闻。

Q：我在你的朋友圈发现你不久前在中国过了生日，觉得有什么体会？

A：这是我在中国过的第一个生日，我和我的中国朋友一起吃饭。她买了蛋糕给我，我很开心。和我在意大利过生日没有什么不一样，但是环境不一样，我感觉很好奇。

Q：希望你在中国能够生活得很开心，谢谢你接受我的采访。

A：不客气，再见。

在采访罗米的过程中，我吃惊于她只学习了几个月的中文，就可以顺畅地表达。她告诉我自己在表达的时候也会有些困难，有时候自己遇到看不懂的中文，就使用微信的翻译功能。但是可以看出来，罗米在中国生活得很开心，她结识了很多热情的中国朋友。来中国留学是一件让她觉得很幸运的事。跨文化交流的意义很好地体现在这个意大利女生的留学生活中。即使文化冲突会产生不协调的地方，但是通过沟通，通过深入了解，能够达到一个较为和谐的境界。

二、采访2

采访时间：2017年8月。

采访对象：白司康，法国男生，北京语言大学汉语专业三年级留学生，来华7个月，中文流利。

采访地点：北京语言大学。

Q：你来中国之后在生活方面感受到哪些不同吗？比如在衣食住行方面，法国和中国有哪些异同呢？

A：饮食方面当然不一样。在法国，我们更喜欢吃意大利面，早饭我们一般会选择吃面包，吃甜食。而在中国就不一样了，中国人会吃饺子，而且还有各种各样的面条和米饭。早饭有很多人会选择喝粥，吃馒头，吃咸菜。在武汉，有一种特色小吃是热干面，我很喜欢这种食物，因为我之前从来没有吃到过，感觉很新鲜，很好吃。而且，在中国我需要学会用筷子。我们在法国吃饭的时候都用叉子、勺子，而这边中国人都使用筷子。对我来说，因为我之前没有用过筷子，所以我到现在都没有学会很好地使用筷子吃饭。而且我们吃饭时间一般也比你们晚一到两个小时。我们在法国一般早上9点才开始上课，下午上课上到5点或者6点。我们中午不会睡午觉。早饭时间每个人不一定，但我们一般午饭和晚饭都会比你们晚一两个小时吃饭。

Q：你刚才提到，你们5点或6点下课，晚饭会比较晚。那你下课后通常会干什么呢？中国学生大多会选择参加社团活动，或者上上网，写写作业。你们课余生活和中国学生有什么不一样吗？

A：我们下课以后会有很多同学选择做运动，有时候我们也会和朋友出去玩，或者做作业，看书。我们的作业应该没有你们多，一般就是一些论文或者文章之类的作业。我在法国没有参加过很多社团活动，有时候下课之后会去英语角，锻炼一下英语。但更多的时间我会选择做运动。

Q：你运动的目的是什么呢？健身？减肥？你觉得是中国学生课后运动得多还是在法国学生运动较多呢？

A：我运动是为了变帅！我觉得中国和法国学生运动的人差不多吧。不过好像中国学生更多是为了减肥，而我们各自不太一样吧，大部分人是为了身体健康，以及变帅。很中国朋友聊天时，我发现了这些不同，很有意思。我很爱和中国朋友聊天，让我发现了许多不同。我很珍惜在中国留学的时间，平时尽量跟中国朋友接触、联系。

Q：除了饮食之外，你觉得在中国生活与在法国相比比较大的文化差异是什么？

A：中国的消费非常便宜！在法国的消费几乎是这里的两倍。比如，在法国，一瓶普通的矿泉水1欧元，而在中国，2元人民币就可以买一瓶矿泉水了。鞋子、衣服、车子的价格差不多，在法国房子价格在 8 000~10 000 欧元每平方米。虽然这里的价格比较便宜，但这里的吃住条件都不错。但是我不能接受这里的环境！这里有很严重的雾霾，让我生活非常难受。在巴黎，除了秋天、冬天会阴天下雨之外，其余时间都是蓝天。而且，巴黎下雨的时候空气也是清新的，跟这里很不一样。我一到中国就感受到了雾霾。虽然听中国学生说这并不算严重的雾霾，但是我已经感觉到它影响到了我的生活。我觉得呼吸很不舒服。中国需要特别解决一下雾霾问题。

Q： 在你看来，你觉得中法之间的环境差异的原因在哪里？

A： 我觉得是思想认识方面。在法国，我们会把环保当作一个很严肃的话题，我们很看重环保这件事情。我们所做的工业都不会污染环境，而且工厂也会注意污染带来的影响，不会破坏环境。而中国好像没有特别看重环保，我经常看到烟囱直接将烟排放到空气中。太多的烟排放到空气中就会形成雾霾。这些看起来都非常可怕。我前几天去厦门旅游，那里的空气比北京清新很多，海也很干净，我很喜欢那里。那里看上去工厂会比北京少一些，人们也更加注意保护环境，让我不想回北京了。我希望中国能认真治理一下环境问题。

对白司康同学的采访，全程用中文交流，除了偶尔有些语言表达生硬之外，让人能够感受到这个法国男生中文学习之好。采访前，本以为他除了饮食之外，还会说一些风土人情上的差异，然而令人意外的是，他着重谈及了中国的环境问题，可见他很重视这个问题。这让人产生了深刻的反思。诚然，环境治理需要国家的重视，但是人民是否也可以为此出一份力？人们可以从减少碳排放、降低生活垃圾做起，尽自己的微薄之力，为中国环境问题的解决做出自己的贡献。

一个国家人民环保意识强烈与否，可以反映出这个国家国民素质的高低。环保意识不是一蹴而就的，它需要人们日积月累的观念的形成，因而更加应该发展教育文化事业，从小抓起，提升一代人的环保意识，这样才有可能让环保意识扎根于我们的民族文化之中，才有可能将保护环境作为历代人民所努力的方向。

三、采访3

采访时间：2017年5月。

采访对象：然尔克，哈萨克斯坦男生，就读于北京外国语大学语言学及应用语言学专业，是一年级研究生，本科二年级曾在上海大学交换一年。此次来华已有6个月，可以用中文交谈。

采访地点：北京外国语大学。

1. 在没接触中国前对中国文化的认知

Q：在没有来中国留学时，你对中国的文化了解吗？

A：我在大二时作为一名交换生来到中国，就读于上海大学。说实话，在没有来到中国之前我不太了解中国人的文化，但是觉得中国和哈萨克斯坦的文化、宗教、语言还是有着很多的不同，所以虽然很期待在中国交换学习，但是内心还是会害怕。

Q：你对中国有什么印象？

A：对中国的印象是中国的人很多，中国历史悠久，此外并没有太多的印象。

2. 在留学时由于文化差异造成的冲突

Q：当你来到中国时觉得中国和哈萨克斯坦有什么不同？

A：我作为交换生刚来到上海时，觉得上海和哈萨克斯坦的城市很不一样。上海高楼大厦很多，而哈萨克斯坦却没有这么多感觉很现代的高楼。

Q：刚来到中国时，由于这些差异，你遇到了什么麻烦？

A：最大的麻烦是语言问题。我们国家的语言是没有语音语调的，所以在刚刚来到中国时，我会分不清语音语调，导致我不能理解中国人的话。还有，我们国家的语言是俄语，所以我不认识汉字，对汉字的偏旁部首和写法也感到很好奇。到中国的第一天，从机场到市区，如果没有中国朋友的帮助，单凭俄语或者英语，想坐车租车到目的地是十分困难的。这里的司机除了中文以外，对于其他语言多少有些排斥。如果听不懂你在说什么，那司机可能就不会让你上车。这点让我感到很麻烦，也很尴尬。

Q：除了语言，一些非语言符号（比如说手势、姿势等）给你在中国的交流带来了什么问题吗？

A：握手这方面很不一样。在我们国家，握手的次数很频繁。在一天中与熟人第一次见面一般要打招呼握手。见到老年人，年轻人要伸出双手握住对方的手。伸出双手与别人握手也表示对对方的尊重。但是我发现在中国只有第一次见面的人才会握手，熟人一般不会握手打招呼。所以，我想和别人握手时，一般会观察对方的意愿，要是别人不想握手我却主动握手了，就会显得我很奇怪。

Q：在生活习惯上你和中国学生有什么不同吗？这有没有给你带来什么困扰？

A：比如说，中国学生习惯于很早起床、很早吃饭、很早睡觉。虽然我很喜欢这个习惯，但是我们外国人真的不能这么早起来，所以当我们去食堂的时候就已经没有饭菜了。有时候当我和朋友约定去吃早饭，我的朋友和我约定到了八点，我就很惊奇地看着他。最后我们把约定的早餐改成了午餐。中国的节日也和哈萨克斯坦的不太一样，我觉得中国的节日大部分是和饮食有关系的，而哈萨克斯坦因为有一百多个民族，所以像中国过"五一"劳动节，我们"五一"过哈萨克斯坦人民统一日，这是一个庆祝民族友好的节日。

Q：你的舍友都来自哪里？你和除了中国人以外的外国人相处有什么麻烦吗？

A：我的舍友分别来自亚美尼亚、日本、乌克兰、越南，我和他们最大的分歧是宗教问题。我们哈萨克斯坦人是信仰伊斯兰教的，而他们是信仰基督教的。首先在饮食方面，伊斯兰教是忌吃猪肉的，所以每次我都不能和他们一起吃饭，只能在清真餐厅或者是只能小心翼翼地点餐。这和在我们国家不一样，非常不方便。其次，宗教对我们的影响使得我们哈萨克斯坦人的家庭观念很强，我们很注重和父母的相处，以及兄弟姐妹之间的和睦。但是我的舍友的家庭观念和我相比比较淡漠，也比较自我。由于哈萨克斯坦也是伊斯兰教和天主教混合，所以基本上没有很大的矛盾。我在中国交了很多朋友，不像刚到中国时，没有什么朋友，现在我每天都会用汉语跟朋友们交谈，不像刚来时那样，总是跟哈萨克斯坦的同学聊天。

Q：哈萨克斯坦是一个没有海的内陆国家，而你留学的城市，上海是临海的城市，这种地理位置的差异让你感到什么不适吗？

A：由于我们哈萨克斯坦是一个内陆国家，所以我们的文化还是比较封闭和保守的，比如说婚前性行为就是不被认可的。而且，哈萨克斯坦的男女平等观念应该还是没有那么普及。而来到中国后，我觉得这里的城市建设要比哈萨克斯坦先进很多，观念也比较开放。其次是买东西比哈萨克斯坦便利，刚来的时候我并不会网购，也不会使用京东、淘宝等网站，是来到中国后才慢慢学会使用的。

3. 对文化差异导致的困难的克服及得到的帮助

Q：你遇到文化交流冲突时是怎样克服的呢？

A：其实我觉得中国人特别喜欢照顾别人。我在中国有一个好朋友叫作景芳（音）。我的中文声调一直都是问题，我的好朋友就会帮助我改变我的声调。我在生活上有很多不适应的地方，我的好朋友们也会帮助我熟悉在中国的生活，比如刚刚说到的京东、淘宝这样的软件就是他们教会我使用的。在饮食上，我不能吃猪肉，我就想办法在寝室自己做饭，这样吃起来比较放心。其实我在了解中国文化后对中国文化特别喜爱，所以我会克服很多的困难，努力在中国生活。而且，我以后想回到哈萨克斯坦做一名中文老师，所以跟各个国家的外国人接触有利于我实现我的梦想。刚开始虽然我会害怕这种接触，但是为了实现我的梦想我可以克服自己内心的恐惧，积极和外国人交流。

然尔克的经历在一定程度上反映了文化差异和文化冲突。首先，虽然然尔克在来中国之前对中国的文化不甚了解，但是由于每个人都不可避免地会因刻板的印象而对周围的人或遇到的事情产生偏见，所以然尔克也不免会对中国有着刻板的印象。比如中国人很多、中国和哈萨克斯坦的文化不同，这些刻板的印象虽然不一定是坏的，但是这会给然尔克在中国未知的留学生活带来一定的恐惧心理。

其次，我认为然尔克在跨文化交流中表现得相当成熟，他在文化冲突面前迅速调整了自己的心态，努力学习人们了解新文化的关键要素（价值观、语言、特殊习俗、信仰、交流方式等）。他主动结交朋友，并通过朋友获得帮助。同时，然尔克以积极的心态应对文化差异带来的不适。在宗教问题上，然尔克保持了一种较为包容的态度。所以，尽管有种种差异，他还是能够尽快地融入到中国的学习及生活中。

四、采访4

采访时间： 2017年7月。

采访对象： Gabriel，墨西哥男生，北京第二外国语学院留学生，来华4个月，中文交谈有障碍，需要用英文进行辅助。

采访地点： 北京。

Q：请问你的名字是什么？如果没有中文名字的话，可以告诉我你的英文名字？

A：我没有中文名字，我叫Gabriel，在英语中和西班牙语中都是很通用的名字。

Q：你是什么专业的？你来自哪个国家？来中国学习多长时间了？
A：我的专业是文学，但是刚开始接触中文。我来自墨西哥，在中国没有待多久，在一点一点提高汉语水平并且适应中国的环境。我的汉语水平不高，限制了我跟中国人交朋友，所以我的很多朋友还是说西班牙语的。

Q：你会看中国的电视剧、电影吗，包括有外语配音和字幕的？你觉得这些作品怎么样？你能理解它所讲的内容吗？
A：我看过一些中文电影，并且很喜欢。但是里面的中文我并不能理解。因为我的中文水平很低，因此我必须看有字幕的。我觉得那些中文电影特别有趣，尤其在它所涉及的文化上。

Q：你曾使用或者正在使用中国的社交App吗？如果有，请列举一下都有什么，比如微信、微博。你平常用它们与中国朋友交流，还是和同一国家的朋友交流？这些App对你的生活有什么影响？
A：是的，我开始学习中文的时候就开始接触微信了，我用它和中国人交流。这个应用在我的国家并不流行，但是很感谢这个应用，我认识了更多的中国朋友，他们教会并帮助了我很多。

Q：你觉得中国文化对你有什么影响？它让你的生活发生了什么改变？你怎么评价中国的文化？
A：中国文化很有趣。使我改变最多的，是中国人在工作上和学校里的纪律，这让我变得更加认真负责。对我来说，提高对这些文化的认识是很有趣的。我很喜欢中国的音乐，之前从来没听过，但是现在我很喜欢邓丽君的歌曲。

Q：对于中国的文化，你有没有什么感到困惑的地方？中国文化中，有没有你想要深入了解的？

A：是的，我对于中国文化的认识并不多，我想了解更多。很有趣，我尤其想在文学方面有所提高。

Q：你觉得中国的文化和你故乡的文化，有什么不一样的特点？两种文化之间，有没有冲突的地方？举个例子。

A：我觉得中国文化和我家乡的文化相比，主要不同在于人们相处的方式。例如，在我国，两个朋友拥抱和亲吻脸颊是很普遍的事情，但是在中国不一样。而且在中国，有的东西是不能送的。这几个小点，是与我的国家不同的。

Q：当你学业完成，回到自己的国家的时候，你会将中国的文化介绍给你的家人朋友吗？你会介绍给他们哪些中国的文化呢？为什么？

A：所有方面都很有趣，我第一要讲的是食物。中国食物多样并且美味，因此在全世界都很流行。我也很喜欢跟他们讲中国的节日，例如中国的新年。不过中国文化博大精深，我能讲的太有限了。

Q：你觉得中国人怎么样，你怎么评价中国人？

A：我觉得中国人是全世界最聪明的人，每天都很努力。当我和他们交流的时候，我觉得自己像个傻瓜，因为他们知道的比我多太多，我到不了他们的水平。

Q：非常感谢你的配合，希望中国的求学经历能给你留下一段美好的回忆，祝一切顺利。

这次跨文化交流的采访是在北京第二外国语学院学习西班牙语的同学的帮助下完成的。这次采访本身就已经证明，中国文化、中国社交软件、中国影视时时刻刻都在影响着在中国求学的留学生。中国文化的源远流长和博大精深，意味着它多了一份属于东方文明的神秘感。这种神秘力量吸引着来自世界各地的青年们，而文化自信则是中华文明走出国门、走向世界的基础。

当人们生活在一个非故乡的国度，会自然而然地尽力适应周边的人文环境，以及与日常生活息息相关的种种情况。渗入度越高的文化、行为或产品，越容易产生深刻的影响。例如微信，这款中国人普遍使用的即时通信软件，因其使用范围广泛、用户黏度高等原因，不仅改变和影响了中国人的交际方式，也影响到了在华留学生的学习和生活。据此次采访可以发现，该留学生表示自己利用微信结识了许多中国朋友，并通过微信与这些朋友保持着持续的交流。与此同时，这些交流也帮助留学生进一步提高了应用汉语的能力。

五、采访5

采访时间：2018年2月。

采访对象：Kyle Painter，中文名是裴康易，美国男生，北京大学研究生，此次来华已有2年5个月，可以用中文交谈。

采访地点：北京。

1. 刚来中国时的感受

Q：你刚来中国时的困难是什么？

A：最大的困难是感觉孤独。那时自己一个人来到北京这个陌生的地方，还没认识新的朋友，周围很少有自己国家的人，把这些都综合起来就感到很无助。其实语言倒不是困难，因为我在学习过程中已经可以基本无障碍进行交流了，并不阻碍我的日常生活。还有一个不算困难，但是感受很深刻，就是人多。不管去哪里我都要排队，都要等，而且有时还遇上插队的人，真是无奈又着急。

Q：你来到中国的时候遇到了什么文化上的冲击吗？

A：印象最深刻的一点就是大街上有好多横幅。最开始我都不知道是干什么的，看见许多红色的以为是警告牌。后来我觉得这种现象很有特色，也很有意思。还有一点就是我身边的许多人，甚至男生都喜欢喝温水,这个让我很不理解。当我的好朋友递给我一杯温水的时候,我就一直重复我想要喝凉水,加冰的那种。其实在美国的家里我都是从冰箱里直接拿出来喝,但是我去朋友家,他们许多人都是从壶里给我倒。后来我问这些人原因,基本都是说太凉的胃会不舒服,可能肚子疼。也有人跟我说喝凉的不利于养生,还跟我说身体里其实是有一股"气",总是喝凉的不利于它正常运作。我当时也不懂"养生"是什么,更是第一次听说,所以真的很好奇,觉得非常奇妙!还有一件感觉很尴尬的事情,我去一个关系很好的女性朋友家中做客,结果在吃饭的时候她的妈妈问我有没有女朋友,还问我觉得她们家孩子怎么样!我当时真的是又惊讶又尴尬,实在不知道怎么回答。因为要是在美国,我们吃饭的时候是不可能说到隐私话题的,就算私下聊天也极少触及这些问题。幸好当时我的朋友转移了话题,要不然我也不知道应该怎么办。

Q:那中国人带给你什么感觉?

A:最大的感受就是特别特别热心。在学校时间长了,身边有许多中国同学都和我成了朋友,在语言上帮助我练习,生活上帮助我解决困难。在校外的时候,我也经常能遇到愿意帮助我的路人。还有一个印象(对于陌生人)就是不太爱笑。我在家(宾夕法尼亚州)的时候,路上遇到陌生人都会微笑点头打个招呼,有时会说"Have a nice day!",但是在这里我没看到过这些行为,我还是有些不太习惯的。

2. 关于微信

Q:你用微信吗?觉得怎么样?

A:我用微信,觉得真的太好用了!Facebook对于我来说其实就是一个社交平台,我只能在上面评价好友发的帖子,看一看自己关注的人都在干什么。但是微信完全不一样!它有更多的功能,比如交话费、买电影票等,对于我这样一个外国人来说真的会方便许多。而且还能订外卖，这是我最喜欢的一个功能！如果我有不明白的地方，我可以直接问身边的朋友，让他们帮助我来订餐，不需要花费时间跟我一起去餐厅。总之，就是很方便。除此之外，我还会订阅一些公众号，许多都是朋友推荐给我的。因为我对中国历史很感兴趣，所以我关注的有一个叫"混子曰"的公众号，作者把中国历史都画成漫画来分析，我觉得特别有意思，而且更有助于我理解。

Q：你用微信是和中国人聊天还是和外国人？
A：都有，所有我认识的人。因为微信太好用了，所以我会让家里人也下载，平时和他们聊天、视频都是用微信。可以说，我每天都会和家人用微信聊天。我假期回到美国的时候其实还在用，和中国朋友保持联系，而且我家里的美国朋友有好多人也有微信，因为他们也在中国学习生活过。所以，我觉得微信还是一个国际化的App。而且，因为身边的中国朋友都用微信，我在那上面问他们问题一般特别快就回复了，这对我来说也是一个很大的帮助。

Q：你觉得使用微信对于你融入中国社会来说起到的是正面作用吗？
A：是，非常正面。我和中国朋友会在微信上聊天，谈论今天发生的有趣的事。如果没时间见面，我们还会在群里一起聊天，都很开心。所以，我觉得在一定程度上微信拉近了我和别人之间的距离，感觉让我们之间的关系更好了。我会看他们的朋友圈，不仅了解中国大学生平时都在干什么，而且在看的过程中也提高了自己的汉语水平，甚至自己也会说一些中国的网络语言了。有时我和中国朋友们聊天，突然说出一些流行的网络语言，他们都觉得特别惊讶。

3. 使用其他媒介的情况
Q：你平时看中国的电视剧、电视节目或网上播出的剧吗？

A：基本不看。

Q：为什么呢？
A：首先是因为大多数都没有英文字幕，以我现在的中文水平来说，如果电视剧里的人说话很快的话我还是不能理解，所以不愿意看。其次就是因为里面许多的笑点我都不能理解，所以觉得不是很有意思。

Q：那你也很少浏览网站吗？比如搜狐网站。
A：是的，包括百度。因为平时有问题我身边的中国朋友都特别热心地帮我解决了，而且像写论文时遇到的一些问题，他们都告诉我。我自己可能没法辨别网上资料的好坏和真实程度，所以中国朋友会给我推荐一些App。不过，更多的时候还是告诉我去图书馆看书查资料，这是帮我提升最靠谱的方法。

Q：那你平时空闲时间会看什么呢？
A：我很喜欢看《南方周末》，因为我对里面的内容很感兴趣。我觉得那些记者都有批判性思维，对于社会上的热点问题可以进行很深刻、有道理的分析，而且还很容易理解。另外，我可以通过他们写的文章更加了解中国现在的社会现状，帮助我融入这里。所以，平时除了在微信上和朋友聊天，我就是看《南方周末》，包括它的纸质报刊及电子杂志。

Q：除了在微信上和朋友聊天，你还会在别的社交平台上和中国人交流吗？比如发帖子、评论等？
A：基本不会，因为除了看书学习，和朋友聊天我也没有很多时间了，所以我会利用剩下的空余时间多出去走走，在北京多逛一逛。

Q：那你觉得你了解中国的文化主要是通过哪些途径呢？
A：我觉得文化包含很多方面，像我刚才说过，通过看《南方周末》，我就对中国社会文化有了更多的了解，而且我身处在中国，身边都是中国朋友，平时在学习中看中国名著，中国文化（比如风土人情等）其实对我产生的都是潜移默化的作用。

裴康易现为北京大学燕京学堂的研究生、燕京奖学金获得者。他出生于美国的宾夕法尼亚州，本科毕业于芝加哥大学，曾经获得美国最知名的汉语奖学金。来北京参加清华大学的IUP一年制中文培训班以后，裴康易被遴选为"北京大学燕京学者"。他曾经是芝加哥大学辩论队队长、芝加哥大学学术财务委员会主席、《芝加哥历史报》的高级历史编辑。大学时，他与一个英国的公益组织开创一个针对芝加哥贫困高中的辩论项目。

通过采访我们发现，裴康易在刚来到中国的时候其实遇到了许多困难，但是学校里的中国朋友对于他更快地适应在中国的学习和生活起到了举足轻重的作用。除此之外，新媒体（尤其是微信）的广泛使用和多功能性更加方便了裴康易在中国的生活，帮助他解决了许多问题。

由此看来，在跨文化交流过程中，媒介确实在减少交流障碍、帮助外来人融入本土社会等方面起到了很重要的作用，应该利用这些优势促进跨文化交流。

六、采访6

采访时间：2017年7月。

采访对象：林希，泰国女生，北京外国语大学留学生，此次来华已有6个月，可以用中文交谈。

采访地点：北京外国语大学。

1. 从微信说起

Q：你平时使用微信多吗？

A：我每天早上起来的第一件事不是刷牙洗脸，而是刷微信朋友圈。我也非常乐意在朋友圈中分享各种自拍、游戏及美食照片。到了晚上睡觉前，我还习惯性地看看朋友圈中都发生了哪些"大事"。慢慢地就发现，我的生活已经离不开微信这款软件了。

2. 深入Line

Q：在中国你使用微信吗？

A：刚来到中国的时候，其实我并不太会使用微信，但由于身边的中国朋友都习惯用微信，于是为了方便沟通，自己便下载了微信。

Q：你在泰国喜欢用什么聊天软件啊？

A：Line[①]。在泰国，几乎只要是年轻人，都会安装Line这个软件。

Q：那你更常用哪个软件呢，微信还是Line？

A：在中国，我比较喜欢用微信。但放假回家了，还是用Line。

3. "中文实在是太难了"

Q：你的中文不错啊！

A：谢谢，但是中文实在是太难学了，而且中国人讲话实在是太快了。和中国朋友用中文聊天能锻炼我的中文，但是，由于语言的限制，也常常有沟通不了的内容。用中文说不清楚时，心里有时很难受。用泰语交谈时，就没有这方面的问题，所以我会每天都跟泰国的亲人，或者是在中国的泰国朋友沟通，自由地交谈。

Q：上课适应吗？

A：在泰国，我算是成绩优异的好学生。但自从来了中国之后，老师全中文授课，而且语速特别快，我曾经特别苦恼。要不是在课下，中国同学们给我辅导语文，我恐怕很难听懂老师上课的内容。

---

① Line 由韩国互联网集团 NHN 的日本子公司 NHN Japan 推出。相对于其他的通信 App，Line 起步比较晚，2011 年 6 月才正式推向市场。然而，虽然 Line 面向大众的时间不长，但它被热捧的程度并不亚于其他通信 App。

Q：你觉得中国怎么样啊？来中国前有没有好好地了解过中国？
A：中国很大，很多人。生活节奏比泰国快一点。我在高中的时候就期盼来中国上大学。

Q：为什么要来中国上大学呢？
A：我觉得中国很棒啊，而且我想学习汉语。你知道的，汉语特别有意思。

Q：平常和同学聊天，喜欢用泰语还是中文啊？
A：在中国，我喜欢用中文。可是，很多的时候我会说错很多话，所以有时候还得说泰语。

Q：平时你希望中国学生和你说中文吗？
A：当然好啊。只要中国学生愿意，咱们甚至可以微信语音聊天哦。你平常也喜欢玩微信吧？微信是我到了中国之后才注册的。一开始还不太会用，但现在觉得挺好的。还可以买东西呢，很方便。而且我告诉你，我们班很多人都使用微信呢。

Q：他们也是留学生吗？
A：对的。他们来自不同的国家。我们班的同学还有一个微信群呢，大家经常在群里聊天。

Q：平常你喜欢刷朋友圈吗？
A：我早上起来或者晚上睡觉前，一定会查看微信，看看同学们都发了什么动态。

Q：你在泰国喜欢用什么通信软件啊？
A：Line 和 Facebook 啊，之前说了。但在中国，这些软件都不能使用。

Q：那你比较喜欢用微信还是 Line 或者 Facebook 呢？

A：在家习惯使用Facebook，在学校喜欢微信多一点。

Q：你在学习上遇到什么困难吗？又是怎么解决的？
A：有很多问题啊。你知道吗？中国人说话特别快，有时候我都跟不上他们，老师上课也是用全中文授课的，特别是在math课上，根本听不懂他在说什么。不过中国人都很好，我还去上辅导班，中国同学帮我回答问题。

Q：是解答问题。
A：对，我问了他们好多问题，他们帮我一一解答问题。

Q：来中国快一年了吧，你喜欢中国吗？
A：喜欢，特别喜欢。偷偷告诉你，我还有一个中国男朋友呢。

Q：哈哈，那你在生活上，有没有遇到过困难？
A：当然很多啊，中国和泰国差别还是很大的。我们看到朋友们的时候，都会把双手合起来打招呼的，而中国人不一样。中国人的性格也比较急，生活节奏也相对快一点。我男朋友经常说我像蜗牛一样。"像蜗牛"是什么意思？

Q：啊哈，就是做事情不着急的样子。今天谢谢你跟我说了这么多哦。
A：不客气。我觉得你人很好耶。

Q：谢谢！

随着国际交往的日益加强，中泰之间的交流与日俱增。近年来，泰国的很多学生来到中国学习。然而，不同文化之间不可避免地存在各种问题与差异，为此本课题组成员采访了北京外国语大学的林希同学。

林希来自曼谷，怀揣着对中国的憧憬，她只身一人来到北京外国语大学留学。在国外，Facebook、Ins是非常流行的社交媒体软件，所以当来到中国后被告知不能使用这些软件时,许多留学生很是不解。不过他们很快找到了解决办法——用微信来替代Facebook和Ins等社交媒体软件。而微信,也许是因为它的功能比较齐全,不仅能够聊天以方便和家人联系,还能用于支付,方便人们购物等需求,因此微信不仅在中国比较受欢迎,而且在留学生当中也非常受青睐。

林希很健谈,她就泰国留学生在中国的学习、生活及使用社交媒介的情况回答了采访者的问题,在采访结束后也与课题组成员进行了交流。在之后与林希的交往过程中,发现了这样一个有趣的现象,即林希在北京外国语大学留学期间与本国的留学生交往最多,其次是东南亚其他国家的留学生,而在她的微信通讯录上,中国人相对较少。这些问题值得思考,泰国留学生与中国学生和市民之间的关系如何?是什么因素影响了泰国留学生的跨国社会交往?

作为外国留学生,来到中国后首先面对的挑战是如何适应新的社会环境、学校环境及解决学习生活中遇到的问题。在这一适应过程中,他们将或多或少地使用中国流行的社交媒体软件,那么微信等社交媒介的使用对于泰国留学生跨文化交流的适应性影响如何呢?

但这是一个较大的命题,不能以林希的个案来解释整体。未来若有可能,可以针对社交媒介的使用对跨文化交流适应性的影响做深入的学习与研究。

在跨文化交流中,留学生会遇到各种各样的问题,而文化间的差异也会让留学生不得不接受各式各样的挑战。正因为这些差异,这个世界呈现出各种绚丽的风景。然而,互联网的快速发展为跨文化交流提供了一个充满更多可能性的交流平台。互联网的各种应用,例如微信、Facebook等,不仅影响留学生的生活方式,同时也使跨文化传播变得更加活跃。

七、采访7

采访时间:2017年5月。

采访对象:IKE,英国男生,北京语言大学留学生,此次来华已有13个月,可以用中文流利地交谈。

采访地点：北京。

Q：你什么时候来中国留学的呢？
A：我是2016年来到中国的。

Q：为什么选择到中国留学，而不是其他国家？开设中文课程的学校也很多，为什么选择了北京语言大学？
A：以前在英国上学的时候，在网站上看到过关于中国的一些情况，觉得很有意思，然后中文对于我们来说很难嘛，就想着来尝试一下，有一种神秘感想要让人去征服这种语言。我询问了很多的朋友，关于中国学校的，我比较想去首都上学，就定在了北京这个小范围内。北京语言大学挺有名气的，就打算来了。中国的文化真的很有意思，一句话可以有很多不一样的意思，这跟英语是有很大不一样的地方。

Q：来到这里以后，你觉得跟你想象的有什么差距吗？最吸引你的中国文化是什么？
A：跟我想象的没什么不同，但是还是很震撼的。北京发展得很好。我去了故宫，这种古建筑和现在的大楼结合在一起，并不奇怪，让人觉得很舒服，不会很突兀。我最喜欢中国女人，长得跟我认识的人都不一样，很美。就像电视节目里说的那样，很有东方美感，这是最吸引我的。北京的交通和天气真的是太糟糕了，在英国这些都没有的。

Q：以前在英国的时候，你经常用什么类型的社交软件？
A：Skype 和 Facebook。大部分还是取决于你的社交圈。你的朋友们都在用什么样子的软件，会影响到你。WhatsApp 也很受欢迎，好多英国人会用。

Q：那你在中国还会继续使用这些常用软件吗？中国的一些政策会不

会影响到你使用它们？需要VPN吗？

A：还会使用，因为要浏览一些英国的消息，还有我的朋友在英国，还是要联系的。我每周至少有3～4天都要跟这些朋友联系，都是英文用着很方便，就好像在英国一样。在英国任何App都可以用，不需要连接VPN，这跟中国是有很大的不一样。中国政府管理得很严格，Facebook和YouTube都很严格，我现在都要连VPN才可以用这些个软件，特别麻烦，但也没有办法。

Q：你有在用中国的软件吗？

A：哦，有的，下载了WeChat。这样方便一些，可以和一些中国人交朋友。但是不经常用，还是不习惯，把这个language设置成英文。大部分还是用自己的软件聊天。但是，WeChat在各个国家越来越流行。

Q：在中国，很多外国的电视剧都被禁止观看了，需要通过VPN或者其他方式才可以观看，你怎么看待这样的政策？

A：这一点让我很不理解。中国已经是很开放的国家了，政府还严格地管理，在英国不会发生这种情况。英剧相比美剧，力度还是小的。美剧，比如《美国恐怖故事》《邪恶力量》《生活大爆炸》都是被禁止播出的。可能国家的思想不一样，我认为这些都是没什么可怕的。相反，电视剧的想象力和创造力很棒，每个人都是有想法的，可以去区分和辨别好的和不好的东西，中国可能想的不一样，会担心给社会造成不好的影响吧，怕年轻人变坏。

Q：平时在微信交流的时候，你会发微信表情包给我。表情包是在来中国之后才开始使用的还是在英国也很流行？

A：我一直在用，表情包一直都有，不仅仅是在中国才有的，根本没有那回事。WeChat比较流行吧，就不会产生障碍。图片内容还是有不一样的，其他没什么不同。

Q：出现过和中国朋友互相无法理解的情况吗？
A：嗯，刚到这里的时候出现过这样的情况。在交流的时候，我不喜欢哪些行为我会直接表达出来，那样才是正常的交流方式，也是对那个朋友的尊重。可是，他会误会我的意思，太直接了让他觉得很没面子。我不太习惯这样的反应。相互之间都不能理解对方，相处时间长了，就知道这是文化习惯不同，会尝试着为他考虑。

通过采访，可以感到这位英国留学生对中国很感兴趣，并且在尽力适应在中国的留学生活。同时，应该看到，中英两国地理位置相距遥远，文化和传统各异，有许多问题对于初到中国的欧洲留学生来讲是陌生而不可思议的。

第二节 综合考察

近年来，来华留学生的人数急剧增长，本研究旨在把握在京留学生的媒介接触行为、跨文化适应性的实际情况。世界各地的高校都在把留学生的派遣和招生工作作为衡量国际化程度的一个重要指标，中国政府也在从政策的角度助力这项工作。全球化背景下的人员交流取得进展是件可喜的事情，但是应该认识到，留学生的派遣和吸纳并不只是数量的增加，其中留学生在留学目的国的跨文化适应状况必须加以重视。

进入21世纪第二个十年后，世界范围内的媒介环境发生了巨变，直接影响到留学生的日常生活。留学生任何时候都可以使用智能手机进行视频或语音通话，与本国的亲朋好友联系。而且，各国媒体都在互联网上提供新闻、娱乐等各种信息，留学生随时都能在网上收看来自本国的母语节目。本国文化就在身边，媒介接触左右着留学生的文化生活，这些都会影响留学生的跨文化适应和对国际问题的关心。因此，有必要掌握留学生媒介接触情况、跨文化适应状况的第一手资料。

一、留学生与媒介研究

世界高校在留学生招生方面竞争激烈。为了促进留学生交往，包括政府在内的各级行政部门、民间组织都在推进留学生工作的进展。世界各国的政府和企业纷纷建构合作机制以提高留学生对留学生活的满意度。例如，澳大利亚从1973年开始从制度层面完善向留学生提供语言和咨询服务；美国用形式多样的奖学金制度促进留学生交流；韩国有由大型企业提供的奖学金和就业指导；日本则计划到2020年吸引30万人赴日留学；等等。可以说，在发达国家，留学生的招生竞争已不局限在大学范畴，而是演变成了政府之间的竞争。在我国，留学生数量在增加，国际化人才在增加，但是也应该看到，尽管目前在留学生数量的竞争上走在了前列，但面对不断增加的留学生，对他们的关注和帮助却不足。

学界也为推进留学生与留学目的国的交流进行了多方面、多角度的研究。在我国，跨文化交流学会、中国教育学会比较教育分会和中国高等教育学会外国留学生教育管理分会等都纷纷发表研究成果。但是，这些研究大部分都集中在汉语教学上，更多的是从教师的视角探讨对外汉语教学的相关问题。

笔者作为传播学教学及科研人员，一直从传播学、社会学的学科角度关注留学生的跨文化适应问题。笔者发现，在促进留学生和目的国的交流方面，进入2010年后，媒介环境的变化直接在留学生的日常人际关系和信息活动方面给予影响。特别是在建构和维持日常人际关系方面，作为获得信息的重要渠道的媒介接触行为对留学生跨文化适应有较大的影响。因此，在讨论当下的留学生跨文化适应性时，不应只局限在汉语国际教育的层面，有必要从媒介研究的角度考察留学生的日常生活。

二、媒介环境的变化

截至2019年6月，我国手机网民的规模达8.54亿，网民中使用手机上网的比例由2016年12月的95.1%提升至99.1%，手机上网比例持续提升。[①] 其中，从年轻人有较高的智能手机占有率中，可以推测大多数的留学生是智能手机的持有者。

在移动互联网时代，智能手机的普及率成为评价一个国家信息化发

---

① 中国网信网．第44次《中国互联网络发展状况统计报告》［DB/OL］［2019-09-13］．http://www.cac.gov.cn/2019zt/44/index.htm．

展、互联网覆盖率的重要指标之一。美国皮尤研究中心的报告显示，中国智能手机的普及率为68%，包括传统功能手机在内的手机普及率为98%。中国的智能手机普及率在全球处于中游水平。[①]一方面，手机通话、短信息功能的流行及以年轻人为主导的社交媒介信息文化对留学生的汉语读写能力的养成提出了更高的标准。另一方面，对留学生来说，智能手机成了跨文化适应的一大障碍，使用智能手机后和其他国家学生的联系频率下降。国外学者的研究发现，在新的媒介技术环境下，留学生在使用智能手机时主要把母语交流者作为联系对象，因而助长了交友关系在留学生群体中的分层化，即把留学生的交友关系分为相同母语者和不同母语者。结果导致智能手机的高频率使用加剧了留学生中的一部分人作为"外国人"被孤立。[②]

如今，智能手机的套餐收费制、4G通信、WiFi，以及微信、Twitter等社交网络服务已经相当普及，使得留学生与中国学生的交流变得简单，有利于促进中国学生和留学生之间的交流。通信环境的变化也密切了留学生与母语圈的联系。早期可使用个人计算机中的许多免费通话软件（如Skype等）与本国的亲朋好友联系。随着智能手机的普及，与本国亲朋好友间的通话成本大幅度下降，留学生与本国亲朋好友的联系变得更频繁。可以想象，免费通话软件和智能手机提高了留学生与本国亲人和友人的联系频率。

留学生离开本国到达中国后，人际关系的诸多方面处于重建状态；置身于陌生的文化环境中，与本国文化的接触机会骤然减少。而且，留学生要忍受跟本国人际关系和人文环境隔绝的环境，期待着自己能作为一个"国际人"实现成长上的飞跃。不过，近年来，随着留学生身边媒介环境的变化，即使在中国也可以和母语圈保持密切联系。智能手机不仅可进行语音通话，还有短信息功能、电子邮件功能和各种网络服务功能，同时适用于手机的社交网络服务免费软件也很流行。在文字输入方面，不仅可以使用汉语文字，也可以使用英语、日语、法语等多国文字。这些都增加了留

---

① 钛媒体. 韩国智能手机普及率94% 全球第一，中国68% 居中游［DB/OL］［2018-06-25］. http://www.tmtpost.com/nictation/3321076.html.
② 金相美. 携帯電話利用とソーシャル・ネットワークとの関係：在日留学生対象の調査結果を中心に［J］. 東京大学社会情報研究所紀要，2003（65）：363-394.

学生与本国人际关系网和文化的接触机会。

伴随留学生日常生活的通信环境的变化主要体现在以下4点。

（1）短信息和通信录的保存和复原。短信息和通信录的保存和复原已经成为标准服务，因此留学后没有必要重建人际关系。在中国，留学生在本国建立的朋友通信录和既往短信息、Twitter信息等在任何时候都可以复原。

（2）智能手机终端和免费软件的普及。由于智能手机终端和免费软件的普及，留学生的监护人、本国的朋友日常也都在使用手机，即使跨越国境两者也可以免费直接联络。受惠于这种媒介环境，留学生在中国滞留期间，可与本国的亲朋好友保持定期、不定期的联系。

（3）终端的多国语言化。在中国加入了手机套餐后，留学生可以用母语使用手机。因此，在留学的过程中，可以使用母语来获取学习、研究中需要的资料和信息，语言的劣势消失了，同时也妨碍了在中国的语言能力的提升。

（4）新闻节目跨境播放的增加。在中国，留学生每天都可以收看或收听来自本国的新闻，而且是免费收看或收听。

留学生虽然在中国生活，但是可沉浸在本国的社会文化环境中度过留学生活。这些通信环境的变化目前更加明显了。

留学生因受到文化冲突的影响，面对跨文化交流时会产生焦虑，为了从压力中寻求逃避，更愿意与本国的文化和人际关系网接触。过去，被本国文化封闭的留学生有这样的逃避性行为是极困难、极少见的。但是，21世纪第二个十年以后，使用智能手机及免费通话软件就可以免费地联系本国的亲人朋友。在这种环境中，一部分留学生与本国文化的过度接触也是可以预见的。

基于上述通信环境的变化，在本次的问卷调查和个案访谈中有3种预设。

（1）随着手机在世界范围内的普及，一部分留学生积极地使用免费通话软件、社交网络服务。

（2）由于和本国的联系比较固定，一部分留学生和中国人的交流热情有所下降。

（3）21世纪第二个十年以后的通信环境也许是推迟跨文化适应的一个

要素。

本研究认为留学生的媒介接触行为被通信环境所影响。在21世纪第二个十年以后，通信环境在世界范围内发生了变化，媒介接触的对方不仅是东道国的友人，也有可能是本国的监护人和友人。而且，新闻的视听也不仅是东道国播放的内容，也有可能是本国播放的新闻节目。可以认为，媒介接触的方法与留学生跨文化适应、对本国社交媒介订阅源内容的感兴趣程度有关。

因此，本研究在访谈环节涉及了以下几个问题。

（1）一部分留学生利用媒介与家人联系的频率超过与中国朋友联系的频率，消费本国社交媒介的订阅源内容居多。

（2）与本国的联络频率越高，留学生的跨文化适应性越低。

（3）主要收看本国订阅源内容的留学生对当地媒介的感兴趣程度偏低。

三、调查结果

1. 和友人的联系频率

在访谈中，本研究对与本国/中国友人的联系频率询问了以下两个问题。

问题1：你和本国的朋友大约多长时间联络一次？

问题2：你和中国的朋友大约多长时间联络一次？

在实际的访谈中，要求受访者回答大致的次数，例如几乎每天、每周2～4次、每周1次、每月1次、从不。将问题1的回答与问题2的回答进行比较，问题1的频率大于问题2的频率被指定为A组，问题1的频率小于问题2的频率被指定为B组。结果是：A组为40%，B组为60%。也就是说，在本次调查中，比起与中国的友人联系，五分之二的被访谈者更频繁地与本国的友人联系。

2. 新闻视听调查

关于对本国/中国播放的新闻的视听询问了以下两个问题。

问题3：经常收看本国信源媒介的新闻吗？

问题4：经常收看中国信源媒介的新闻吗？

在实际访谈中，要求受访者回答大致的次数，例如几乎每天必看、每两天1次、每周1~2次、每月1~2次、从来不看。比较问题3和问题4的回答情况，问题3的频率小于问题4的频率被指定为C组，问题3的频率大于问题4的频率被指定为D组。结果是：C组为48%，D组为52%。在本次调查中，比起中国信源，半数以上的留学生更频繁地视听本国信源的新闻。

3. 跨文化适应状况

留学生的跨文化适应状况指留学生在习得语言和文化习惯时对东道国文化的适应行为。为了把握跨文化适应状况，访谈设计了两个问题。

问题5：请自我评价一下你的汉语运用能力。

问题6：你喜欢遇到的中国学生吗？

问题5询问了留学生的汉语能力，问题6询问了留学生对一般中国学生的好感度。本研究预想，对中国学生的好感度越高越能积极地进行跨文化传播，越有更好的跨文化适应状况。本研究的受访者大多认为，跨文化人际关系难以形成的原因是未能熟练地掌握汉语。外国留学生有意愿与中国人进行交流，随着汉语能力的提高及在华时间的延长，跨文化适应能力会有所提高。

4. 社交网络服务和订阅源的选择

在访谈中，本研究对本国社交媒介订阅源内容的感兴趣程度进行了相关提问。

问题7：利用社交网络服务的时间，平均每天几小时？

在实际访谈中，要求受访者回答大致的时长，例如一点不用、30分钟以内、30~60分钟、1~2小时、2小时以上。高达80%以上的受访者每天使用社交网络服务在2小时以上，这部分受访者都是首选本国的订阅源。

5. 留学生的交友关系

这部分属于个案研究，访谈形式比较灵活，并结合了问卷调查的结果。这里着重归纳一下在华留学生在建构朋友关系方面的一些特征。研究显示，汉语能力、性别、居住形式这些因素影响外国留学生的朋友关系。

具体来说，与本国留学生之间的朋友关系建立在文化共有、学习、休闲、情绪调节等各个方面；与中国学生之间的朋友交流往往在学习汉语和跨文化理解两个方面比较突出；与其他国家留学生的交往并不深入，虽然在某种程度上含有跨文化理解的部分，但是流于表层。

在访谈中，留学生在与本国同学交流时话题广泛，主要是因为拥有相同的文化背景，在异国他乡同样会遇到环境不适，以及其他生活问题、情感问题等，这时常能从本国同学那里获得帮助；与中国同学的交往，往往是为了练习口语，请中国同学解决语言学习中的困难。也就是说，与中国同学交流的一个重要功能是促进语言学习，从中国同学那里得到语言学习上的辅导，了解有关学习的信息。

在与中国学生建立朋友关系时，留学生在汉语、中国文化、信息、学业等方面希望从中国学生那里获得帮助。在与中国学生的交往中，几乎所有受访的留学生都谈到了汉语学习、跨文化理解这方面的经历。与其他国家的留学生交往，更多的是实现娱乐休闲、放松心情的功能。

第七章
提高留学生跨文化适应性的对策

第一节　建构保护多元价值的大学文化

大学生群体的价值观不断呈现多元化趋势，因此对应多元文化价值的大学教育现状，建设开放的校园空间、向学生提供成长帮助、满足学生的需求是今后考虑留学生工作对策的一个重要着眼点。由于在综合国力、科学技术、教育资源等方面的优势，发达国家长期以来吸引了世界各国的留学生，在跨文化适应的实践中积累了丰富的经验。探讨发达国家的多元化的校园文化，从文化角度给予留学生行之有效的心理咨询，对于留学中国的留学生的跨文化适应现状的改善具有积极意义。这涉及大学文化建构的多个层面，包括大学作为行政团体的组织性应对、和中国学生进行跨文化交流的态度、培育多元价值的校园土壤等。在美国，围绕多元性和文化差异的讨论主要以"种族"为核心，在美国以外的国家则更多是基于"国籍"的探讨。因此，应该认识到，在中国基于中国国情和实证调查的对策建议是必要的。

一、我国高校需建立留学生咨询体制

在全球化背景下，世界各国不断调研高等教育机构的国际化举措，高校成为具有多元化文化背景的学生学习的场所。我国高校现有留学生48

万多人(《中国教育年鉴：2017》)。高校通过导入用英语学习获得学位、短期培训等项目，使留学生的学习方式多样化。加之有在中国长大的外籍学生、有海外生活经历的中国学生，留学生的文化多样性显著。而且，随着中国高等教育的发展，大学生群体从精英化向大众化过渡，中国学生的多样性也在加剧。学生群体的多样化引起了社会各界的关注，高校纷纷在制度建设、为学生提供经济援助与心理咨询等方面回应学生的需求。

发达国家关注学生的心理健康问题，学生在社区中有自己的心理医生，而高校则有较为完备的心理咨询制度，向有需求的学生提供心理咨询。在我国，高校虽然近年来越来越重视心理咨询室的建立，但是较之发达国家还是有不小的差距。留学生来到中国，由于对新环境不适应，会出现"文化冲突"现象，导致思乡、焦虑、沮丧、不满等情绪。这种心理波动需要及时干预和调整，否则会极大地影响留学生在华的学习和生活质量。本研究从跨文化咨询的视角出发，认为高校需要建立和完善留学生咨询体制。

1. 跨文化咨询的观点

关于满足留学生多样化需求的援助，本研究参照跨文化咨询(cross-cultural counseling)的概念，进行观点的梳理。考虑到文化因素在进行心理咨询与援助中的特殊作用，有些研究也使用"多文化咨询"(multi-cultural counseling)的术语。两者并没有概念上的明确辨析，在研究中相互转换的情况很多，特别是近年来使用"多文化咨询"的研究更多一些。[1]

跨文化咨询指"以促进认知、情绪、心理和精神健康为目的，某种文化、民族、种族背景的专业咨询师对其他文化、民族、种族背景的对象做工作的过程"，即对持不同文化背景的人进行咨询。[2]当然，跨文化咨询还有一些其他角度的定义，特别是20世纪90年代后，人们从不同的角度对跨文化咨询展开探讨。

---

[1] 井上孝代. 外国人留学生のアカルチュレーション態度と留学生活の満足度 [J]. 東京外国語大学留学生日本語教育センター論集, 1996, 22(3): 209-221.

[2] D'ANDREA M G, DANIELS J. Promoting multiculturalism and organizational change in the counseling profession: a case study [M] // Handbook of Multicultural Counseling. Thousand Oaks, CA: Sage Publications, 1995: 17-33.

跨文化咨询的兴起与美国多文化主义的社会背景密切相连。美国的多文化主义是在黑人和土著居民被边缘化、面对种族主义政策和社会运动的背景下发起的，呼吁废除基于种族、肤色、性别、出身的歧视，实现真正的平等。

2. 对应文化适应性的能力

在围绕跨文化咨询的诸多讨论中，人们关注它与普通心理干预的区别，咨询师需要具备专业的职业技能。咨询师在对个人进行帮助及教育时，在理解对方文化背景的前提下，在尊重对方文化的同时展开提高文化适应性的相关工作。咨询师的跨文化咨询能力主要关注态度、知识、技巧三个方面。跨文化咨询不是指简单地把"外国人"作为对象的咨询。对许多心理干预专家来说，跨文化咨询主要指留学生咨询，即在汉语教学之外以留学生为对象而进行的咨询，尤其是对汉语程度不高的留学生进行的咨询。

3. 日本留学生跨文化咨询体制的经验

人们需要在教育实践现场感受学生群体的多样性。面对留学生跨文化适应中的诸多问题，发达国家都在强化留学生的心理咨询体制。比如，日本高校在20世纪90年代以后主张充实留学生的咨询体制和必要性的呼声很高。在此背景下，文部省在2000年发布了《关于高校学生生活的充实策略》的报告书[1]，并于2007年发布了《关于高校学生咨询体制充实策略》的报告书[2]，明确提出留学生咨询是大学教育的一环，有必要整备和充实留学生咨询体制。

为了进一步推动留学生咨询体制的完善，日本学生咨询学会于2013年公布了学生咨询机构指南。[3] 各高校在制定本校的学生咨询机构发展规

---

[1] 日本文部科学省審議会. 大学における学生生活の充実方策について報告: 学生の立場に立った大学生づくりを目指して [DB/OL]. [2017-06-28]. http://www.mext.go.jp/b_menu/shingi/chousa/koutou/012/toushin/000601.html.

[2] 日本学生支援機構. 大学における学生相談体制の充実方策について: 『総合的な学生支援』と『専門的な学生相談』の『連携・協働』[DB/OL]. [2017-06-28]. http://www.jasso.go.jp/gakusei/archive/jyujitsuhosaku.html.

[3] 日本学生相談学会. 学生相談機関ガイドライン [DB/OL]. [2017-06-28]. http://www.gakuseisodan.com/wp-content/uploads/public/Guideline-20130325.pdf.

划时，在遵照学生咨询机构指南的同时，开发了《学生咨询机构充实表》，并且探讨应对校园需求的咨询体系。在个人咨询的基础上，又尝试同行同专业的咨询活动，而且各大学的学生咨询专家推行新的学生咨询模式。学生咨询系统的利用者被推想为留学生。而且，对文化多样性的探讨也在积极进行中。

在日本，对留学生群体的实证研究也比较充分，数据的把握较为准确。在留学生咨询体制研究方面，注重留学生援助需求的取向不同，摸索出了东亚留学生的咨询方法，并在此基础上提出给留学生提供帮助的具体方案。在留学生利用这些服务时，可以清楚地了解他们的多样化需求，然后配备适合的人才作为向留学生提供服务的咨询师，并进一步完善完成学业和研修的制度，在组织层次扩大留学生的咨询规模。

二、完善中外学生间的互助学习机制

1. 运用新型数码学习工具

本研究的调查结果显示，外国留学生的汉语水平越高，与中国学生的交往越深入；英语水平越高，与中国以外的、来自其他国家或地区的留学生间的交往越深入。由此可见，汉语水平和英语水平给予在华留学生建立朋友关系最重要的影响。虽说是在中国留学，但是为了与其他国家和地区的留学生建立友谊，促进人际交往，具备汉语和英语双语能力是十分必要的。长期以来，高校只是面向留学生开设汉语课程。今后，在强化汉语学习的同时，为了促进国籍不同的留学生之间的交往，应当建立学习和使用英语的平台，供中国学生及非英语圈的留学生学习使用。

在网络传播成为主流传播类型的当下，语言学习工具也发生了显著变化，智能手机和各种手机应用程序变得不可或缺。特别是，智能手机深入到了学生的学习生活中，这是不可逆转的现实。信息通信技术的升级导致学习平台和学习工具发生了变化，这需要学习者和教育者予以高度重视。

学习环境数码化的趋势越来越明显，应完善中外学生间的语言学习机制，为他们在任何时间、任何地点都可以获得学习所需要的信息提供技术上的支持。为了顺应学习工具的变化，发挥新媒体的媒介优势，学习者的学习方式应做适当的调整。

2. 中国学生参与到留学生教育中

在我国高校中,国际化人才培养战略之一就是扩大留学生招生规模。需要注意的是,留学生的数量不断增加,但是,对留学生的教育,特别是汉语教育,只是传统的、单方向的语言类课程设置,没有与大学的整个课程体系有机地结合起来,使得同在一个校园中,中外学生之间泾渭分明,难以形成有效交流的良性校园氛围。

在校园中,中外学生的交流只限于课下的互动,参与人员少,交流时间短。只局限于积极寻求跨文化体验的一部分学生参与的现有交流方式限制了中国学生在留学生的跨文化适应中发挥更大的作用。

在学校留学生中心或留学生指导教师的安排下,应该让中国学生参与到留学生教育中,在通识课程中设置一些以体验为主的中外学生共同参与的课程,促进中外学生在多元的教学环境中共同学习。这样,可以不只把文化放在"国家"的范畴中认识和思考,而是在"个人"的情境中感知和体验。这样的课程体系,不是授课教师利用自己的课堂可以实现的,需要作为组织的大学在制度层面进行设计,使多元文化体验成为中外学生的一个修习课程,这样做不仅有利于留学生的跨文化适应,也有利于拓展中国学生的国际化视野。

三、培训应对全球化时代的高校教师

高校教师在留学生跨文化适应过程中的作用毋庸置疑。针对教学对象——留学生群体文化多元性的特点,高校留学生指导教师不仅需要具备专业能力和外语能力,理解多元文化,而且还要认识到包容文化差异性态度的重要性。全球化时代要求留学生指导教师除了教学科研能力外,还要在教学一线推进留学生与中国学生、中国产学研人士的交流,帮助留学生接触中国社会,接触专业领域的专业人士,甚至帮助他们建立在中国相关领域的人脉资源。

日本中央教育审议会提出教师有必要具备全球化时代的思考方式。[①]与这一理念相配套的是,建立并推进一系列的措施,派遣教师到海外进修,

---

① 和泉元千春. 言語と文化の統合教育実践における文化の気づきに関する考察 [J]. 奈良大学教育国文:研究と教育,2013(3):101–112.

参与与留学生或高校附近的外国人的交流活动。

第二节 搭建聚合多种媒介优势的跨文化适应平台

本研究旨在全球化背景下,把握在华外国留学生对中国社会及中国大学学习、生活的适应状况,帮助留学生尽快适应中国的留学环境,优化在华留学体验,同时也促进中国高校,甚至是高校所在地区的国际化程度。各个学科均在探索提高高校国际化水准,完善留学生跨文化适应平台的路径。本研究站在传播学的学科角度,认为搭建聚合多种媒介优势的跨文化适应平台可以助力外国留学生更好地适应中国社会和文化,对建构多元文化共生的校园具有重要的意义。

一、继续发挥传统媒介的语言学习功效

虽然信息技术的发展改变了人类的沟通交流方式,但是传统媒介依然没有离开人们的视线。传统媒介的采编人员具备过硬的业务素质,而且在媒介环境巨变、大浪淘沙后生存下来的传统媒介具有多年积累下来的公信力品牌,这些优势造就的媒介风格吸引着稳定的受众群体。留学生身处中国社会,传统媒介是了解中国政府等官方信息的最直接的渠道。而且,电视、广播仍旧在继续发挥着语言学习的重要功效,特别是对初级语言学习者而言,更是如此。

掌握汉语听、说、读、写是留学生来中国学习的一项重要学习内容。如果能熟练使用汉语,可以拓展留学生的职业生涯规划范畴。可以想见,许多留学生毕业后会从事从中国问题研究到双边的商务贸易工作等与中国相关的各项工作。这不仅可以完成留学生个人的自我实现,而且在这一过程中可以传播中国文化,以文化外交的形式扩大中国的影响力,塑造中国形象。

近年来,传统媒介制作了一些原创文化类节目,比如《百家讲坛》《中国汉字听写大会》《中国诗词大会》等,在弘扬民族文化、传承华夏文明方面有示范性作用。这类节目也为留学生勾勒出符合他们心目中想象的中国印象。在这些节目中,如果尝试加入一个外国人学习中国文化的小环节,一方

面可以提高中国受众的文化自信和自豪感，另一方面也可大大激发外国留学生学习汉语和中国文化的热情。

提高汉语学习的兴趣，开拓展示中国优秀文化的传播渠道，对于帮助外国留学生进行跨文化适应是一个有效的途径。

二、全面发挥互联网平台传播中国文化的作用

媒介技术的进步给文化推广带来了新的渠道和路径。发挥互联网的平台作用可以有效地、及时地、形式多样地弘扬中国文化。在留学生的教学中，可以灵活运用互联网上搭建的教学平台，在语言教学的同时，运用数字化博物馆等多媒体形式，向留学生介绍中国文化。这不仅使教学内容更加充实，还可以使语言教学突出文化内涵。互联网的多媒体表现形式让信息变得更加立体，更加有利于接受。

在教学之外，还有多种渠道可以推广中国文化。例如，移动终端的不断发展为建立网站或App为主体的媒介平台提供了便利；在社交平台上设置公众号可便捷地推送与中国文化相关的信息；等等。发掘互联网的平台优势，发挥新媒体的技术特性，开发和推广优秀的本土文化资源，是当今世界各国进行文化外交的一个重要手段。

三、打造基于移动社交网络的社群文化学习平台

20世纪末尼古拉斯·尼葛洛庞蒂（Nicholas Negroponte）提出的数字化生存理念已经不是畅想，数字化技术建立了虚拟空间，为人们提供了信息传播与交流的空间。微博及手机端的微信都是典型的社交网络应用。随着智能手机的普及，移动社交网络的教育和学习功能受到越来越多的关注。

作为学习平台的移动社交网络有许多优势，例如信息海量、教师参与、交互拓展、便携性强等。它更新了人们对课堂和学习的认识，使学习者占据主动地位。在WiFi已经全面覆盖、学生上课摆脱不了智能手机困扰的当下，可以顺势而为，在传统课堂中植入社交网络平台，尝试实现更好的学习效果。移动社交网络平台在知识点讲解，特别是介绍文化类内容时，方便及时展开微型讨论，可择机把相关专业人士拉进课堂参与话题讨论，这种及时且形式新颖的互动有助于提高留学生的学习积极性。

第三节　在国际教育中发挥媒介课程的有效性

从广义范畴来看，媒介具有多层含义。它不仅是传播信息的载体，也是信息本身，以及交流沟通的手段。媒介传递的信息内容及传播技术的变革对社会和个人均产生重要的影响。在电子媒介出现以后，媒介更是成为人类社会的中心话题。在国际教育中，设置与媒介相关的课程可以通过让留学生了解媒介信息（即媒介本身），用留学生容易接受的方式帮助他们了解中国文化，提高跨文化适应性。

一、使媒介成为深入了解中国文化、中国社会的重要资料

高校应围绕中国文化与中国社会等主题，为留学生开设媒介作品的分析类、赏析类课程，把媒介置于电影、电视剧等娱乐维度来审视。媒介取得商业成功的原因之一是受众把自己的感情迁移到了媒介作品中，与影视剧人物产生共鸣。如果受众对媒介信息没有兴趣，则很难取得成功。通过影视娱乐节目的视听，可以让留学生对中国文化和国民性有直接的、感性的了解，弥补留学生难以深入中国百姓生活的缺憾。从广告媒介中，留学生可以了解中国经济生活和中国社会的背景性资料。娱乐性的影视作品和广告等，对留学生来说是学习中国文化的重要素材。

二、接触其他地域的媒介有助于客观分析和了解中国的文化和社会生活

高校可以对其他国家和地区的媒介进行分析，与留学生沟通不同的话语体系对文化和社会生活的不同表述，以促进不同文化间的相互理解。例如，可以以中国社会经济生活或中国社会的环境问题等为专题，探讨近年来各类媒介的叙述视角，了解不同类型的媒介的表达方式，在留学生这一民间层次上，加强沟通，使留学生了解中国成就、中国问题，进而对中国社会有全面、理性、客观的分析。留学生回国后，有可能就是在民间层面弘扬中国文化、讲述中国改革开放故事的重要力量。

三、媒介给予留学生超越文化隔阂、对中国社会产生浓厚兴趣的机会

留学生选择中国作为留学目的国的重要原因是中国拥有悠久的历史、独特的文明、改革开放后的经济成就，以及由此衍生出的跟中国事务相关的工作机会等。今天，超越文化差异，吸引世界上的青年学生关注中国、对中国社会产生兴趣是塑造中国形象的重要途径。媒介课程不仅使留学生加深了对中国文化、中国社会的理解，而且有关当代中国社会生活各个层面的话题有利于增加留学生与中国人的沟通交流机会，通过交流可以加深跨文化理解。

以媒介课程为切入口的课程设置涉及从政治、经济、战争、和平到商业、娱乐、流行文化等方方面面，涵盖了人类社会的大部分话题。从时间轴来看，也会触及历史、现在与未来的诸多话题。媒介的即时性特征可以向留学生提供现实的话题，可以展开深入的讨论，因此有必要在国际教育中发挥媒介课程的有效作用。

第四节 建设全媒体的文化传播渠道

一、充分利用各类媒介，特别是数字媒体资源，实现语言文化学习资源的数字化

数字媒体资源信息丰富、教学辅助资源充实、教学手段多样、学习时间灵活、课堂学习与线上数字化教学有机结合，可以提高学生的学习兴趣，有效地改善课堂教学以讲为主、互动不足的现状。特别是社交网络的学习功能有待进一步发掘和应用，这种媒介形式不设立封闭的社群和圈子，有助于促进留学生与专家及相关中国人的接触，一起讨论中国文化与中国问题。新型的语言学习工具和方法可以提升留学生的交互感受。

二、充分整合学习资源，利用网络数据库打造基于大数据的文化学习平台

基于大数据分析来设计每个人的学习方案的构想源于对学生人性化的

尊重。个性化教学的理念由来已久，媒介技术的快速发展为个性化学习提供了新思路。在大数据的语言学习平台上，留学生可以根据自身的文化背景及学习能力和学习风格，寻找最适合自己的学习资源，最大限度地发挥学习平台因材施教的优势。这样的网络数据库可以在把握学生学习动态数据的基础上，把学习的效果反馈给学习者和老师，以便及时弥补学习中的不足，提高学习效率。①

三、合理利用多种媒介传播平台，特别是移动互联网和社交网络应用，形成基于全媒体、多元化的语言文化支撑平台

全媒体平台的优势在于多种媒介互相融合，为留学生提供互联网、移动互联网、广播电视网等媒介渠道，创建数字化的学习平台，实现教育资源的有效配置，以保障教学效果，提高学习效率。在这样的教学环境中，学生可根据学习内容选择不同的媒介资源，在优化组合的同时合理搭配，以享受多种媒介的教学资源优势，获得良好的学习体验。

---

① 胡仁友.汉语国际推广战略研究［D］.长春：东北师范大学，2014：67.

附录 A
在京留学生跨文化适应性研究调查问卷

亲爱的同学：

你好！

为了解在京留学生跨文化适应性的现状及存在的问题，帮助在京留学生更好地适应中国文化，特进行此次问卷调查。问卷调查采用匿名形式，恳请你协助填写问卷。

请仔细阅读调查问卷的回答说明：

① 回答第一部分第1、2、3、6题时，请填写具体内容；

② 回答第一部分和第二部分中其他坐标轴形式的问题时，请在相应的交点处画圈，例如：

感谢你的协助！

北京市社会科学基金项目

"在京留学生跨文化适应性的传播学研究"课题组

第一部分

1. 性别：　　　　2. 年龄：　　　　3. 国籍：

4. 每月生活费支出：

500元及以下　　501～2 000元　　2 001～3 500元　　3 501～5 000元　　5 000元以上

5. 来京留学前是否来过中国？

　　　　是　　　　　　　　　　　　　　　　　否

6. 来中国的时间：

　　（　　　　）年（　　　　）月

7. 来京留学前是否学过中文？

深入学过　　　　　　　　简单学过　　　　　　　　从未学过
|————————————————|————————————————|

8. 收看中文电视

每日　　　4～5日/周　　　2～3日/周　　　1日/周　　　从不
|————|————|————|————|

9. 收听中文广播

每日　　　4～5日/周　　　2～3日/周　　　1日/周　　　从不
|————|————|————|————|

10. 浏览中文网站

每日　　　4～5日/周　　　2～3日/周　　　1日/周　　　从不
|————|————|————|————|

11. 手机使用年数

2年以下　　　2～4年　　　4～6年　　　6～8年　　　8年以上
|————|————|————|————|

12. 手机使用时长

不足1小时/日　　1～3小时/日　　3～5小时/日　　5～7小时/日　　超过7小时/日
|————|————|————|————|

13. 社交网络应用使用时长（如微信、Facebook、Twitter等）

不足1小时/日　　1～3小时/日　　3～5小时/日　　5～7小时/日　　超过7小时/日
|————|————|————|————|

14. 使用智能终端（intelligent terminal）设备时，输入中文的熟练程度

| 极熟练 | 较熟练 | 正常 | 较不熟练 | 极不熟练 |

15. PC机使用时长

| 不足1小时/日 | 1~3小时/日 | 3~5小时/日 | 5~7小时/日 | 超过7小时/日 |

16. PC端互联网使用时长

| 不足1小时/日 | 1~3小时/日 | 3~5小时/日 | 5~7小时/日 | 超过7小时/日 |

17. 电子邮件发送频率

| 从不使用 | 1~3封/日 | 3~5封/日 | 5~7封/日 | 超过7封/日 |

第二部分

1. 大学学习是快乐的

| 非常快乐 | | | | 一点不快乐 |
| 1 | 2 | 3 | 4 | 5 |

2. 对中国人情世故的理解

| 非常理解 | | 理解 | | 一点不理解 |
| 1 | 2 | 3 | 4 | 5 |

3. 因外国人的特殊身份，使自己的行为受限

| 经常发生 | | | | 从没有 |
| 1 | 2 | 3 | 4 | 5 |

4. 来华之后，情绪波动明显（如因环境变化较大带来的焦虑或不安等）

非常明显				没有一点变化
1	2	3	4	5

5. 来华之后，常有孤独寂寞的时候

很多时候		有时候		从没有
1	2	3	4	5

6. 深入学习专业知识

非常深入		一般深入		一点没有
1	2	3	4	5

7. 能够学到研究方法和专业技能

学到非常多		能够学到		一点没有学到
1	2	3	4	5

8. 有信心拿到学位

非常有信心		有信心		一点没有信心
1	2	3	4	5

9. 能和各种人交往

完全没问题		一般程度		一点儿也不能
1	2	3	4	5

10. 有外国朋友

非常多		一般程度		一个都没有
1	2	3	4	5

11. 能和教师深入交流

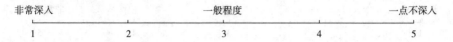

12. 能够体验中国文化

13. 深入理解中国

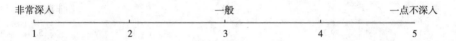

14. 中文进步了

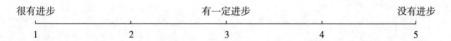

15. 在中国可以同时学习不同国家（地区）的语言（不含中文）

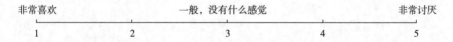

16. 你喜欢中国学生吗？

17. 你希望和中国学生一起学习吗？

非常希望		一般		非常不希望
1	2	3	4	5

18. 毕业后,你希望在中国工作吗?

19. 毕业后,你希望继续在中国生活吗?

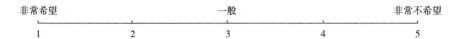

20. 离开中国后,你愿意向朋友们介绍中国吗?

参考文献

[1] ANG I. Watching Dallas: soap opera and the melodramatic imagination [M]. London: Sage Publications, 1985.

[2] BENNETT M. Towards ethnorelativism: a development model of intercultural sensitivity[M] // PAIGE M. Education for the intercultural experience. New York: New York Press, 1986.

[3] BERRY J W. Acculturation as variety of adaptation[M] // PADILLA A M. Acculturation: theories, models, and some new findings. Boulder, CO: Westview Press, 1980.

[4] BETTY J. Psychology of acculturation[M]. Lincoln: University of Nebraska Press, 1990.

[5] BOCHNER S. The mediating person: bridges between culture[M]. Boston: G. K. Hall, 1981.

[6] GUDYKUNST W B. Cross-cultural and intercultural communication [M]. Los Angeles: Sage Publications, 2003.

[7] HALL S. Encoding/decoding [M]// HALL S, HOBSON, LOWE A, et al. Caltur, media, language. London: Unwin Hyman, 1980.

[8] JOHNSON W, COLLIGAN F J. The Fulbright Program: a history[M]. Chicago: University of Chicago Press, 1965.

[9] LAZARSFELD P F, STANTON F N. Communications research[M]. New York: Harper and Brothers, 1949.

[10] MORLEY D, BRUNSDON C. The nationwide television studies: Routledge research in cultural and media studies[M]. London: The Taylor & Francis e-Library, 2005.

[11] PENDY J, SINHA D, BHAWUK D. Asian contibutions to cross-cultural psychology[M]. London: SAGE Publications, 1996.

[12] POPE-DAVIS D B, COLEMAN H L K, LIU W M, et al. Handbook of multicultural competencies in counseling & psychology[M]. London: Sage Publications, 2003.

[13] SAM D, BERRY J. The Cambridge handbook of acculturation psychology [M]. Cambridge: Cambridge University Press, 2006.

[14] SAVICKI V. Developing intercultural competence and transformation: theory, research, and application in international education[M]. Sterling, VA: Stylus, 2008.

[15] SCHRAMM W, LYLE J, PARKER E B. Television in the lives of our children[M]. Stanford: Stanford University Press, 1961.

[16] TILLMAN M. A handbook for counseling international students in the United States[M]. Los Angeles: The American Counseling Association (ACA), 2007.

[17] TURNER Y, ROBSON S. Internationalizing the university[M]. New York: Continuum, 2008.

[18] University of Toronto. Student handbook: 2008-2009[M]. Toronto: University of Toronto, 2008.

[19] WARD C, BOCHNER S, FURNHAM A. The psychology of culture shock [M]. Philadelphia: Routledge, 2001.

[20] 阿特巴赫.比较高等教育：知识大学与发展[M].符娟明，陈树清，译.北京：文化教育出版社，1985.

[21] 本尼迪克特.文化模式[M].王炜，等译.北京：生活·读书·新知三联书店，1988.

[22] 波普诺.社会学[M].李强，译.北京：中国人民大学出版社，1999.

[23] 博克.多元文化与社会进步[M].余兴安，姜振云，童奇志，译.沈阳：辽宁人民出版社，1988.

[24] 布鲁贝克.高等教育哲学[M].王承绪，郑继伟，张维平，等译.杭州：浙江教育出版社，2001.

[25] 曹锡仁.中西文化比较导论[M].北京：中国青年出版社，1992.

[26] 陈向明.旅居者和"外国人"[M].长沙：湖南教育出版社，1998.

［27］陈向明.旅居者和"外国人"［M］.北京：教育科学出版社，2004.

［28］陈向明.质的研究方法与社会科学研究［M］.北京：教育科学出版社，2000.

［29］陈晓萍.跨文化管理［M］.北京：清华大学出版社，2005.

［30］陈学飞.高等教育国际化［M］.福州：福建教育出版社，2002.

［31］陈学飞.留学教育的成本与收益［M］.北京：教育科学出版社，2003.

［32］方晓.留学教育文集［M］.厦门：厦门大学出版社，1993.

［33］高等学校外国留学生教育管理学会.中国、日本外国留学生教育学术研讨会论文集［M］.北京：北京语言大学出版社，2005.

［34］戈泰，克萨代尔.跨文化管理［M］.陈淑仁，译.北京：商务印书馆，2005.

［35］格尔茨.文化的解释［M］.韩莉，译.南京：译林出版社，2014.

［36］顾明远，孟繁华.国际教育新理念［M］.海口：海南出版社，2001.

［37］顾明远，薛理银.比较教育导论［M］.北京：人民教育出版社，1998.

［38］关世杰.国际传播学［M］.北京：北京大学出版社，2004.

［39］国家教委高教司.中国文化概论［M］.北京：北京师范大学出版社，1994.

［40］贺向民.北京高校来华留学生教育研究［M］.北京：北京语言大学出版社，2008.

［41］胡文仲.跨文化交际学概论［M］.北京：外语教学与研究出版社，1999.

［42］黄福涛.外国高等教育史［M］.上海：上海教育出版社，2003.

［43］黄新宪.中国留学教育问题［M］.长沙：湖南教育出版社，1995.

［44］霍尔.超越文化［M］.何道宽，译.北京：北京大学出版社，2010.

［45］吉登斯.社会学［M］.李康，译.北京：北京大学出版社，2003.

［46］贾玉新.跨文化交际学［M］.上海：上海外语教育出版社，1997.

［47］金文学.中国人、日本人、韩国人［M］.金英兰，吕文辉，译.济南：山东人民出版社，2002.

［48］金瑜.心理测量［M］.上海：华东师范大学出版社，2001.

［49］靳希斌.国际教育服务贸易研究［M］.福州：福建教育出版社，2005.

[50] 拉兹洛. 多种文化的星球：联合国教科文组织国际专家研究报告 [M]. 戴侃, 辛未, 译. 北京：社会科学文献出版社, 2004.

[51] 李述一, 李小兵. 文化的冲突与抉择 [M]. 北京：人民出版社, 1987.

[52] 李滔. 中华留学教育史录 [M]. 北京：高等教育出版社, 2000.

[53] 联合国教科文组织. 为了21世纪的教育：问题与展望 [M]. 王晓辉, 赵中建, 等译. 北京：教育科学出版社, 2002.

[54] 林大津, 谢朝群. 跨文化交际学 [M]. 福州：福建人民出版社, 2005.

[55] 刘易斯. 文化的冲突与共融 [M]. 关士杰, 译. 北京：新华出版社, 2002.

[56] 鲁洁. 教育社会学 [M]. 北京：人民教育出版社, 1990.

[57] 马尔塞拉, 撒普, 西勃罗夫斯基. 跨文化心理学 [M]. 肖振远, 荣新海, 范学德, 等译. 长春：吉林文史出版社, 1991.

[58] 迈尔斯. 社会心理学 [M]. 侯玉波, 乐国安, 张志勇, 译. 北京：人民邮电出版社, 2006.

[59] 米德. 文化与承诺 [M]. 周晓虹, 周怡, 译. 石家庄：河北人民出版社, 1987.

[60] 萨默瓦, 波特. 文化模式与传播方式：跨文化交流文集 [M]. 麻争旗, 等译. 北京：北京广播学院出版社, 2003.

[61] 沙莲香. 中国民族性 [M]. 北京：中国人民大学出版社, 1989.

[62] 史密斯. 跨文化社会心理学 [M]. 严文华, 权大勇, 译. 北京：人民邮电出版社, 2009.

[63] 孙培青. 中国教育史 [M]. 上海：华东师范大学出版社, 2000.

[64] 泰勒. 原始文化 [M]. 蔡江浓, 译. 杭州：浙江人民出版社, 1988.

[65] 唐盛明. 社会科学研究方法新解 [M]. 上海：上海社会科学院出版社, 2003.

[66] 特龙彭纳斯, 特纳. 在文化的波涛中冲浪：理解工商管理中的文化多样性 [M]. 关士杰, 译. 北京：华夏出版社, 2003.

[67] 田玲. 中国高等教育对外交流现象研究 [M]. 北京：民族出版社, 2003.

[68] 田正平，周谷平，徐小洲. 教育交流与教育现代化 [M]. 杭州：浙江大学出版社，2005.

[69] 万明钢. 文化视野中的人类行为 [M]. 兰州：甘肃文化出版社，1996.

[70] 王福祥，吴汉樱. 文化与语言 [M]. 北京：外语教学与研究出版社，1994.

[71] 王宏印. 跨文化传通：如何与外国人交往 [M]. 北京：北京语言学院出版社，1996.

[72] 王宏印. 跨文化心理学导论 [M]. 西安：陕西师范大学出版社，1993.

[73] 王相宝. 外国留学生教育管理研究 [M]. 南京：江苏文艺出版社，1995.

[74] 维尔斯马，于尔顿. 教育研究方法导论 [M]. 袁振国，译. 北京：教育科学出版社，2010.

[75] 卫道治. 中外教育交流史 [M]. 长沙：湖南教育出版社，1998.

[76] 武尔夫. 教育人类学 [M]. 张志坤，译. 北京：教育科学出版社，2009.

[77] 谢安邦. 比较高等教育 [M]. 桂林：广西师范大学出版社，2002.

[78] 徐丹. 克拉克·克尔高等教育思想研究 [M]. 长沙：湖南大学出版社，2007.

[79] 徐光兴. 跨文化适应的留学生活 [M]. 上海：上海辞书出版社，2000.

[80] 许美德，潘乃容. 东西方文化交流与高等教育 [M]. 南京：南京师范大学出版社，2003.

[81] 许美德. 中国大学：1895—1995：一个文化冲突的世纪 [M]. 许洁英，译. 北京：教育科学出版社，2000.

[82] 薛天祥. 高等教育管理学 [M]. 桂林：广西师范大学出版社，2001.

[83] 严文华. 跨文化沟通心理学 [M]. 上海：上海社会科学院出版社，2008.

[84] 阎光才. 识读大学 [M]. 北京：教育科学出版社，2002.

[85] 杨国枢. 中国人的心理与行为：本土化研究 [M]. 北京：中国人民大学出版社，2004.

[86] 杨军红. 来华留学生跨文化适应问题研究 [M]. 上海：上海社会科

学院出版社，2009.

［87］叶澜. 教育研究方法论初探［M］. 上海：上海教育出版社，1999.

［88］伊格尔顿. 文化的观念［M］. 方杰，译. 南京：南京大学出版社，2003.

［89］英博. 教育政策基础［M］. 史明洁，译. 北京：教育科学出版社，2003.

［90］于富增，江波，朱小玉. 教育国际交流与合作史［M］. 海口：海南出版社，2001.

［91］于富增. 改革30开放30年的来华留学生教育［M］. 北京：北京语言大学出版社，2009.

［92］张敏强. 教育测量学［M］. 北京：人民教育出版社，1998.

［93］郑兴山. 跨文化管理［M］. 北京：中国人民大学出版社，2010.

［94］中国高等教育学会外国留学生教育管理分会. 中国高等教育学会外国留学生教育管理分会2006年年会论文集［M］. 北京：北京语言大学出版社，2007.

［95］《中国教育年鉴》编辑部. 中国教育年鉴：2001［M］. 北京：人民教育出版社，2002.

［96］《中国教育年鉴》编辑部. 中国教育年鉴：2008［M］. 北京：人民教育出版社，2009.

［97］中华人民共和国教育部.《2003—2007年教育振兴行动计划》学习辅导读本［M］. 北京：教育科学出版社，2004.

［98］周敏凯. 当代世界政治经济与国际关系［M］. 北京：高等教育出版社，2006.

［99］佐藤由利子. 日本の留学生政策の評価：人材養成、友好促進、経済効果の視点から［M］. 東京：東信堂，2010.

［100］塩沢正. 私たちの異文化体験 留学生の見た素顔のアメリカ［M］. 東京：大修館書店，1996.

［101］渡辺実. 近代日本海外留学生史：上［M］. 東京：講談社，1978.

［102］渡辺実. 近代日本海外留学生史：下［M］. 東京：講談社，1978.

［103］国立教育政策研究所. 教員環境の国際比較：OECD国際教員指導

　　　　環境調査2013年調査結果報告書［M］. 東京：明石書店，2014.
［104］井上孝代. 留学生の異文化間心理学：文化受容と援助の視点から
　　　　［M］. 町田：玉川大学出版部，2011.
［105］趙衛国. 中国系ニューカマー高校生の異文化適応文化的アイデン
　　　　ティティ形成との関連から［M］. 東京：御茶の水書房，2010.
［106］栗原祐司. 海外で育つ子どもの心理と教育異文化適応と発達の支
　　　　援［M］. 東京：金子書房，2006.
［107］八島智子. 第二言語コミュニケーションと異文化適応国際的対人
　　　　関係の構築をめざして［M］. 東京：多賀出版，2004.
［108］日米教育委員会. アメリカ留学オリエンテーションハンドブック：
　　　　渡米準備・大学生活・異文化適応［M］. 東京：アルク，1998.
［109］高岩和雄. あなたの異文化適応度［M］. 東京：経済調査会，
　　　　1991.
［110］近藤裕. グローバル・マインドの育て方［M］. 東京：ティビーエ
　　　　ス・ブリタニカ，1989.
［111］佐久間賢. 国際経営と日本型労使関係経営システムの異文化適応
　　　　条件［M］. 東京：有斐閣，1987.
［112］コリン・M．ターンブル. 異文化への適応：アフリカの変革期とム
　　　　ブティ・ピグミー［M］. 田中二郎，丹野正，翻訳. 東京：ホルト・サ
　　　　ウンダース・ジャパン，1985.
［113］佐久間賢. 日本的経営の国際性異文化への適応は可能か［M］. 東
　　　　京：有斐閣，1983.
［114］川口幸大. ようこそ文化人類学へ異文化をフィールドワークする
　　　　君たちに［M］. 京都：昭和堂，2017.
［115］平野広幸. 異文化ギャップきれいごとではすまされない？［M］.
　　　　東京：第一法規，2017.
［116］岡村郁子. 異文化間を移動する子どもたち：帰国生の特性とキャ
　　　　リア意識［M］. 東京：明石書店，2017.
［117］山岸みどり. 異文化接触の心理学とその現状と理論［M］. 東京：
　　　　川島書店，1995.